大会开幕式

何文波书记主持会议

高祥明会长与沈彬会长

大会现场

大会现场

共建新时期
高质量钢铁生态圈

——中国钢铁工业协会六届一次会员大会纪实

◎ 中国钢铁工业协会　主编

北　京
冶　金　工　业　出　版　社
2020

内 容 提 要

本书详实记录了中国钢铁工业协会六届一次会员大会重要内容，主要分三个部分，分别为钢协领导重要报告、产业链合作与发展专题报告会、大会重要文件。本书实践和理论并重，便于广大会员企业学习贯彻钢协六届一次会员大会精神，并对今后一个时期我国钢铁产业发展具有重要的指导意义和现实作用。

本书适合钢协会员企业和所有关注钢铁行业发展及上下游产业发展的企业领导，以及政策研究、企业管理、科研创新、经济贸易等相关人员阅读参考。

图书在版编目(CIP)数据

共建新时期高质量钢铁生态圈：中国钢铁工业协会六届一次会员大会纪实/中国钢铁工业协会主编. —北京：冶金工业出版社，2020. 3

ISBN 978-7-5024-8429-3

Ⅰ. ①共…　Ⅱ. ①中…　Ⅲ. ①钢铁工业—产业链—研究—中国　Ⅳ. ①F426. 31

中国版本图书馆 CIP 数据核字(2020)第 016048 号

出 版 人　陈玉千
地　　址　北京市东城区嵩祝院北巷 39 号　邮编　100009　电话　(010)64027926
网　　址　www. cnmip. com. cn　电子信箱　yjcbs@ cnmip. com. cn
责任编辑　姜晓辉　卢　敏　美术编辑　吕欣童　版式设计　孙跃红
责任校对　王永欣　责任印制　李玉山
ISBN 978-7-5024-8429-3
冶金工业出版社出版发行；各地新华书店经销；北京博海升彩色印刷有限公司印刷
2020 年 3 月第 1 版，2020 年 3 月第 1 次印刷
169mm×239mm；11 印张；2 彩页；120 千字；161 页
69. 00 元

冶金工业出版社　投稿电话　(010)64027932　投稿信箱　tougao@ cnmip. com. cn
冶金工业出版社营销中心　电话　(010)64044283　传真　(010)64027893
冶金工业出版社天猫旗舰店　yjgycbs. tmall. com

编 委 会

编写说明

2020年1月11日，中国钢铁工业协会召开了六届一次会员大会，选举产生了第六届理事会、常务理事会和理事会负责人，圆满完成了会议的各项议程，同时首次举办了产业链合作与发展专题报告会，特别邀请中国船舶集团有限公司党组书记、董事长雷凡培同志，中国第一汽车集团有限公司董事长、党委书记徐留平同志，中国建筑集团有限公司总经理郑学选同志，中国宝武钢铁集团党委书记、董事长陈德荣同志，分别代表下游用户行业和钢铁行业做专题报告，与在座的与会代表进行交流，共同探讨如何强化上下游合作，打造互利共赢、健康发展、长期繁荣的钢铁产业链和生态圈。四位嘉宾的报告精彩纷呈，回应了钢铁企业的核心关切，尤其是“共建新时期高质量的钢铁产业生态圈”这一新观点的提出引发了人们对我国钢铁产业现状、发展前景、科技创新、产品创新、市场创新等内容进行深层次思考，对未来钢铁产业的走向具有重要的启发和指导意义。

为了宣传贯彻钢协六届一次会员大会精神，全面了解专题报告会演讲嘉宾所阐述的观点，我们组织人员编写出版了《共建新时期高质量钢铁生态圈》一书。

本书内容主要分三个部分。第一部分是钢协领导重要报告，包括：(一) 中国钢铁工业协会2019年轮值会长高祥明的报告，介绍了过去五年行业改革发展取得的成绩，第五届理事会及协会开展的主要工作，2020年行业发展形势和重点工作任务；（二）中国钢铁工业协会2020年轮值会长沈彬的报告，肯定了过去五年中国钢铁工业取得的骄人成绩，对钢协会员企业提出了三点期望，希望广大会员企业在促进行业更稳运行上共同发力，在促进更高质量发展上多出实招，在促进钢协发展壮大上再出新力。

第二部分是产业链合作与发展专题报告会，完整呈现了四位大会特约嘉宾演讲内容、主持人的精彩点评，以及他们和参会代表的互动实录。

第三部分是大会重要文件，包括钢协章程及说明，第六届理事会候选常务理事和理事名单、五年主要工作回顾等11部分内容。

本书配有部分音频视频资料、嘉宾演讲PPT，可通过扫描书中二维码获取。

本书书稿的收集、录音转文字、整理、版权授权等工作，得到了中国钢铁工业协会领导，中国船舶集团、中国一汽集团、中国建筑集团、中国宝武钢铁集团、钢协综合部等单位和部门领导的大力支持和帮助。特别是突遇新冠肺炎疫情暴发，在疫情防控阻击战期间书稿所涉及的各个单位和人员“两线应对”，付出了额外的更大努力。在此一并表示真诚的感谢！

由于本书出版时间紧、工作量大、协调复杂，在内容和编排上的疏漏与不妥，敬请广大读者批评指正，以利我们在今后的工作中改进。

本书编委会

2020年2月10日

前　言

如何在新的历史时期，站在新的历史高度，以全新的思维和视角，采取新的举措提高我国钢铁工业发展质量，是一个十分紧迫的课题。在过去的五年里，钢铁行业对此进行了深刻思考、努力探索，也取得了阶段性的成果。通过深入推进供给侧结构性改革，加快了结构调整和转型升级，为行业高质量发展奠定了坚实基础；通过实现绿色化、智能化、国际化，我国钢铁行业的综合竞争力跨上了新台阶。但是，不可否认的是，我们依然面临着产能释放过快、铁矿石和焦煤等大宗原燃料缺乏保障、环保压力加大等严峻挑战，必须跳出惯性思维模式，采取高效措施加以应对。

“他山之石，可以攻玉”（《诗经·小雅·鹤鸣》）就是告诉人们，借鉴他人的经验和做法，可以更好地完善自己。同理，钢铁行业面对自己的问题，更要开拓视野，打破惯性思维，眼光向外，从外面的精彩世界汲取阳光。我们要打开窗户，让外面的春风吹绿钢铁的原野。

秉承这一理念，中国钢铁工业协会六届一次会员大会举办了产业链合作与发展专题报告会，邀请了中国船舶集团有限公司党组书记、董事长雷凡培，中国第一汽车集团有限公司董事长、党委书记徐留平，中国建筑集团有限公司总经理郑学选，中国宝武钢铁集团党委书记、董事长陈德荣莅临大会发表演讲，共同探讨建立互利共赢、协同发展的上下游产业链和生态圈。这次探讨非常及时、非常重要、非常必要，必将对下一步的工作产生积极的推动作用。

从他们的演讲和与参会嘉宾的互动中，我们可以获得如下启示：

生产围着需求转，要紧盯市场。做任何产业都要紧紧盯住市场需求，要有超前的市场意识。如此就要跳出行业局限、思维局限，站在更高的水准上，洞察国际国内市场的风云变幻，及时调整自己的力量配置、技术配置、产品配置，跟上市场的变化。

打铁还要自身硬，要有金刚钻，要有人才储备、技术储备、产品储备等，要有多套发展规划和预案，灵活应对瞬息万变的市场需求和变化。

不断创新，永不停歇。创新是一切发展之本，是立于不败之地之根。只有具备了产品创新、技术创新、管理创新的基因，才能在市场大潮中自由翱翔、发展壮大。

机会和机遇无处不在。此次座谈会邀请的四位演讲嘉宾都谈到了这个问题，言简意赅，例证鲜活，数据详实。一汽集团董事长徐留平指出：到 2019 年中国汽车年销量连续 11 年蝉联世界第一，虽然从 2017 年的 2887 万辆开始逐年递减，但 2018 年和 2019 年的销量仍达到了 2808 万辆、2577 万辆，市场需求仍然旺盛。如果按每辆车 500 千克钢铁用量计算，那将是一个巨大的数字。中船集团、中建集团的年用钢量也同样是十分巨大的，就看我们是否都能提供适合客户需求的产品了，这一点不容置疑。

打开大门，合作共赢。合作共赢是人们普遍的共识，但是要实现这一共识，却有很长的路要走。中船集团雷凡培董事长说了一句朴素而令人振奋的实话：没有钢铁就没有造船业，没有优质的钢铁也不可能有中国造船业的腾飞——直接向我们提出了发展、合作、共赢的愿景。对钢铁行业来说，这既是机遇，也是挑战。

对外交流，跨行业合作，实际上是开拓思路，眼光向外，学习和提高的过程。我们要摒弃惯性思维和传统做法，要学会用新时期的思维和措施去面对新的形势，要跟上时代潮流，要形成习惯，要在游泳中学会游泳。这一点很重要，很必要，要坚持。四位嘉宾的演讲处处体现着这一理念，值得我们学习。

拓宽视野，大处着眼。思路决定出路，眼界决定高度。这一理念对于我们今天的钢铁行业尤为重要。中建集团郑学选总经理指出：建筑用钢占我国钢铁消费总量的50%以上。中建集团能完成年度工作任务，钢企提供的合格产品功不可没。两个行业同为国民经济支柱产业，是推动中国经济发展的重要力量。

没有钢铁就没有汽车。过去的说法是“钢铁+X”，以后应该是“X+钢铁”了。一汽集团徐留平董事长的话很中肯，点出了危机，值得我们警醒。

共建共享高质量的产业生态圈，重构和谐的产业关系是时代的要求，是发展的需要。中国宝武集团愿作打造全球钢铁业高质量生态圈的引领者。宝武集团陈德荣董事长的回应既是宝武的战略选择，也是整个钢铁产业化危为机的应对之策。

钢铁是工业的粮食，钢铁工业与国民经济众多基础产业息息相关。合作共赢，共建新时期高质量钢铁产业生态圈，正当其时。

2020 年 2 月 10 日

目　　录

中国钢铁工业协会领导重要报告

产业链合作与发展专题报告会

大会重要文件

中国钢铁工业协会领导重要报告

ZHONGGUO GANGTIE GONGYE XIEHUI LINGDAO ZHONGYAO BAOGAO

继往开来、砥砺奋进，
为可持续发展的未来努力奋斗

中国钢铁工业协会会长　高祥明

各位代表、同志们：

大家上午好。非常荣幸代表中国钢铁工业协会第五届理事会作工作报告，报告一下五年来中国钢铁行业在大家的共同努力下取得的巨大成绩，分析当前面临的形势，提出2020年重点工作建议，请大家审议。

一、过去五年行业改革发展取得的成绩

过去的五年，是中国钢铁行业深入推进供给侧结构性改革，加快结构调整和转型升级，为行业高质量发展奠定基础的五年；是努

力实现绿色化、智能化、国际化，行业综合竞争实力再上新台阶的五年。五年来，我们先后迎来了改革开放40周年和新中国成立70周年，给了我们盘点奋斗历程、展望美好未来的契机。

（一）去产能取得成功，行业保持持续平稳运行

2015年，中国粗钢产能达到11.28亿吨，而粗钢产量只有8.04亿吨，产能利用率71.3%。在全球钢铁产能过剩大背景下，中国钢铁工业诸多问题相互叠加、相互影响，企业经营陷入前所未有的困境。

2016年到2018年，在有关政府部门的领导下，全行业迎难而上，仅用3年时间，成功压减粗钢产能1.5亿吨以上，提前两年超额完成国务院提出的去产能上限目标；依法依规全面取缔“地条钢”，市场环境得到有效净化，优质产能得以发挥，产能利用率恢复到合理区间。

随着化解钢铁过剩产能工作的深入推进，钢铁产需重归平衡，行业运行基本稳定，企业经济效益大幅回升、2018年达到历史最好水平。中国钢铁去产能成果，不仅使中国钢铁企业受益，也有效带动了世界钢铁工业的复苏。

具体来说，一是钢铁产量保持持续较高增长。2015年，全国粗钢产量为8.04亿吨，预计2019年粗钢产量将达到9.8亿吨左右，五年累计增长1.76亿吨，增幅21.9%。

二是钢铁出口总量下降，结构优化。2015年，全国钢材出口达到历史最高水平的1.12亿吨，预计2019年出口6500万吨。出口钢材的板管带比从51.99%增长到73.25%，出口单价从559美元/吨增

长到 831 美元/吨。

三是钢材价格回升企稳。2015 年，国内市场钢材价格大幅下跌，CSPI 指数年度平均值为 66. 43 点，2018 年平均值为 114. 75 点，2019 年指数虽略低于 2018 年，但总体平稳。

四是行业利润回升，资产负债率下降。2015 年，重点统计钢铁企业亏损 846. 88 亿元，2019 年预计实现利润 1800 亿元。企业资产负债率从 2015 年末的 71. 04%下降到了 2019 年 11 月末的 63. 59%。

（二）推进超低排放改造，行业绿色发展水平大幅提高

近几年，在全球最严格的环保标准倒逼下，广大钢铁企业围绕焦化、烧结（球团）、炼铁、炼钢、轧钢等五大重点工序，积极开展烟气多污染物超低排放技术、高温烟气循环分级净化技术等的研究，首钢、宝武、安钢、河钢、太钢、德龙、中天等一批钢铁企业大力推进超低排放改造并率先取得突破。同时，通过减量置换进行装备升级，一批节能环保技术和指标，已达世界先进水平，为推动钢铁行业绿色发展，助力打赢蓝天保卫战做出了积极的贡献。

（三）兼并重组取得突破，产业组织结构进一步优化

近年来，钢铁行业兼并重组取得了实质性进展。宝武重组，打造了中国的世界级“钢铁航母”，宝武与马钢、重钢重组，基本完成在长江流域和东南沿海的布局，成为全球最具竞争力的钢铁企业之一。建龙集团先后重组山西海鑫、北满特钢、阿城钢铁、西林钢铁、包钢万腾、宁夏申银，规模扩大、布局优化、企业竞争力和行业地位进一步提高。德龙集团通过司法重整方式重组渤海钢铁，合并产

能达到3000万吨，一举进入行业第一梯队。中信特钢重组青岛特钢，构建了全球最大的专业化特钢龙头企业集团。沙钢成功重组东北特钢，抢占技术制高点，普钢变“特”。这些具有“破局”性质的经典案例，为跨地区、跨所有制“混改”发挥了积极的示范作用。

（四）大力推进科技创新，行业综合竞争实力增强

五年来，钢铁行业围绕国民经济发展大局，深入实施创新驱动发展战略，科技创新能力显著提升，科技创新亮点不断，有力推进了钢铁工业转型升级和竞争力提升。

具体来说，一是科研投入不断增长、科技创新能力显著提升。全行业研究与试验发展经费支出由2015年的561.23亿元增长到2018年的706.88亿元，占营业收入比重由0.89%增长到1.05%；有效发明专利数由2015年的12322件增长到2018年的17006件；新产品销售收入由2015年的6629亿元增长到2018年的9575亿元，年复合增长率达到9.63%。五年间共获得国家科学技术进步一等奖2项、二等奖23项；387个项目获冶金科学技术奖，其中特等奖4项、一等奖66项。

二是钢铁材料支撑作用明显增强。宝武、鞍钢、太钢、首钢、中信特钢、东北特钢、河钢、包钢、钢研集团等单位一大批高端产品研发成功，有力地支撑了高端装备制造用材的国产化。时速350公里高速动车组轮、轴、转向架材料顺利完成运行考核，0.02mm宽幅超薄不锈钢精密带钢（手撕钢）实物质量水平达到国际领先，高性能冷轧淬火延性钢QP1500、2000MPa级热成型钢汽车板实现全球首发，新能源汽车电机用钢等一大批超高强度钢、不锈钢及高温合

金研发成功，实现工业化生产。在高端产品开发实现突破的同时，钢铁产品实物质量也在稳步提升，五年间，累计有625项钢材产品实物质量达到国际同类产品水平，41项钢材产品达到国际先进水平。

三是钢铁制造智能化发展迅速。五年来，钢铁行业两化融合持续深入推进，两化融合指数2019年达到53.6，关键工序数控化率70.9%，生产设备数字化率49.8%，总体处于重化工业领先水平。在两化融合基础上，钢铁行业充分把握新一代信息技术带来的产业革命契机，将智能化融入钢铁制造和运营决策过程中，加快推进先进装备、先进材料、先进工艺与工业互联网的有机融合。目前，钢铁行业已经打造出9家智能制造试点示范企业，宝武、鞍钢、太钢、南钢等企业在智能车间、智慧矿山、大规模定制等应用领域取得显著成果。

四是标准创新引领作用进一步发挥。围绕“热轧带肋钢筋、钢结构用钢、船舶用钢、电工钢”等领域，重点开展了135项标准的制订工作；完成了轴承钢、齿轮钢、弹簧钢、不锈钢、工模具钢、合金结构钢等特钢系列重点标准的修订工作。围绕“中国制造2025”和战略性新兴产业发展急需，重点在高强汽车用钢、超超临界锅炉用钢、核电用钢等领域开展了近200项新材料标准的制订，促进了先进新材料的推广应用。

（五）“走出去”落地开花，国际化水平提升

近年来，随着“一带一路”建设的推进和《关于推进国际产能和装备制造合作的指导意见》的发布，钢铁企业“走出去”迈出坚

实步伐，涌现出一批重要的海外钢铁生产基地项目，如河钢集团成功收购塞尔维亚斯梅代雷沃钢厂，百年老厂重焕生机；广西盛隆冶金有限公司马中关丹产业园350万吨综合钢厂项目顺利投产，生产经营逐步稳定。

为统筹行业对外投资合作，2017年3月，经国家发改委批准，“中国钢铁国际产能合作企业联盟”正式成立，钢铁国际产能合作进入了一个新的阶段，钢铁行业的国际化水平明显提升。

（六）行业人力资源高质量发展

人力资源是企业的第一资源，行业的高质量发展离不开一支高质量人力资源队伍。五年来，伴随着供给侧结构性改革的深入推进，钢铁行业人力资源工作取得显著成果，高质量发展特征显现。

一是劳动效率大幅提升。五年间，钢铁行业按主业在岗职工计算实物劳动生产率从504吨/(人·年)增长到736吨/(人·年)，增长率为46.03%，创十几年来最大增幅。

二是人员结构显著优化。经营管理人员占比降低0.3个百分点，操作人员占比降低0.96个百分点，技术人员占比提高1.26个百分点。

三是人力资本竞争力显著提升。劳动生产率增幅持续超过工资增幅，行业吨钢人工成本从193元/吨下降到178元/吨，吨钢人工成本降低15元/吨，人力资本竞争力扭转了多年下降的趋势。

五年来，钢铁行业总体运行平稳、稳中向好，但同时稳中也有忧，尤其是2019年出现的产能释放快、铁矿石价格大幅上涨、环保压力加大等问题亟须各方面关注、解决。

二、第五届理事会及协会开展的主要工作

五年来，协会同广大会员一道，面对复杂严峻的外部环境，积极探索，攻坚克难，在各方面做了大量的工作。由于内容非常多，这次会议专门印发了协会五年工作回顾供大家参考，在这里我仅就几项重点工作做一简要报告。

（一）统一认识、加强自律、维护行业平稳运行

2008 年国际金融危机后，随着钢铁产能扩张，钢铁行业产能过剩矛盾加剧，价格竞争日益激烈，严重破坏了市场秩序，损害了行业利益。另外，随着钢铁电商平台的快速发展，以及钢铁期货产品增多、金融属性加强，钢材价格波动更加频繁。协会一直高度重视维护行业平稳运行，有针对性地开展了一些工作，取得了一定的成效。

一是不断加强行业运行监测分析，及时发布统计数据、钢材和铁矿石价格指数以及行业分析报告，努力做到行业运行和需求信息对各类市场主体公开、透明。鼓励和引导企业根据需求和订单组织生产，不打“价格战”。

二是不断加强与国外铁矿石供应商的高层交流，在理念上取得共识，共同维护互利共赢的铁矿石市场秩序。2016 年到 2018 年，在各方的共同努力下，逐步出现了难得的钢价回升、矿价稳定、产业链上利润分配趋向合理的态势。

三是积极应对国际贸易摩擦，稳定钢铁出口。在国外对我国钢铁产品发起贸易救济调查时，协会第一时间发声，表明立场，认真

分析对我国钢铁行业运行的影响，组织企业积极应对。另外，及时发布重点国家和地区预警信息，积极开展双边交流磋商，最大程度上避免了问题激化，取得了针对中国钢材的贸易救济调查案件数量下降、钢材出口维持在相对合理水平的良好局面。值得一提的是，经过各方共同努力，我们在2018年取得美国“337”调查三个诉点完胜，维护了中国钢铁的声誉和形象。

（二）配合政府部门推动供给侧结构性改革，努力巩固去产能成果

在行业面临重大困难的2015年，协会通过实地调研和组织企业座谈等，准确把握行业态势，研究提出钢铁去产能扭亏脱困方案，受到国务院领导及各部委的高度重视和充分肯定。作为钢铁煤炭行业化解过剩产能和脱困发展工作部际联席会议成员，协会积极参与《国务院关于钢铁行业化解过剩产能实现脱困发展的意见》及八个配套文件和《关于推动钢铁行业重组处置“僵尸企业”工作方案》等政策文件的制定，配合政府部门做好化解钢铁过剩产能工作，在反映企业诉求、配合调查核实、参与抽查督查等方面做了大量工作。据统计，协会组织专家参加国家化解过剩产能、淘汰落后产能、取缔“地条钢”、防范死灰复燃和巩固去产能成果专项督查、检查和验收等工作累计超过2000人次。

2019年以来，充分发挥“地条钢”及违法违规产能举报平台作用，及时将收到的社会举报线索上报部际联席会议，积极参与举报线索实地核查工作并组织专家参加“部级联席会”督查组，努力巩固去产能成果。

（三）持续推进对标挖潜、降本增效、去杠杆

推进钢铁行业深入开展“对标挖潜”工作。协会与财政部会计司共同研究钢铁行业财务核算制度，推动财政部出台了《关于印发〈企业产品成本核算制度——钢铁行业〉的通知》，研究制定了《〈企业产品成本核算制度——钢铁行业〉实施办法》。2017 年尝试开展加工成本对标工作，2018 年正式实施。

推进企业去杠杆工作，防范资金风险和经营风险。加强了对钢铁行业资产负债率、杠杆率变动原因的分析，按季度对重点统计企业的资产负债率、杠杆率进行跟踪分析并报送工信部等国家有关部门，研究解决在去产能过程中的债务处置、僵尸企业负债处理等问题；促进相关金融机构以低息资金收购银行对企业的债权，再将债权转为股权实施债转股，解决钢铁企业债转股中名股实债问题；协调解决企业贷款结构优化问题，将短期银行贷款转为长期银行贷款；引导企业进一步调整投资策略，量力而行审慎投资，多措并举去杠杆。

（四）积极参与政策法规和规划的制定，反映企业诉求，引领行业脱困发展

积极参与《中国制造 2025》《钢铁行业产能置换实施办法》和《产业结构调整指导目录》等政策文件的制修订。组织有关单位研究钢铁行业科技发展重点及战略，参与国家科技计划项目指南编制，以国家重点研发计划专项为引导示范，从基础研究、关键产品技术开发到产业化示范及创新体系建设等方面进行了全创新链布局，开展攻关。深入研究新时代中国钢铁工业的发展方向，编发《中国钢

铁工业转型升级战略和路径》。

积极参加发改委、工信部等部门召开的座谈会和组织的调研，积极反映行业和企业诉求。如针对部分地区环保“一刀切”的问题，推动实施鼓励先进企业的差别化环保限产和“错峰生产”；针对企业“融资难、融资贵”的问题，积极反映行业扭亏脱困的成绩，争取摘掉产能严重过剩的“帽子”，实施有保有压的差别化信贷政策；针对城市钢厂搬迁、产能置换出现的问题，向有关部门提出意见和解决方案；针对企业税费负担过重的问题，坚持不懈争取减税降费。

（五）加强对外宣传交流，改善中国钢铁形象

协会从行业发展的大局出发，大力宣传我国钢铁行业在去产能、绿色发展、结构调整等方面取得的巨大成绩和对中国及世界经济发展做出的巨大贡献，增进社会公众对钢铁行业发展的了解。尤其是针对国内外对钢铁行业化解过剩产能有关工作的误解和质疑，协会及时通过行业内外主流新闻媒体加强宣传，积极利用组织参加 G20 全球钢铁论坛、经合组织钢铁委员会例会、世界钢协年会和双边交流，以及主办中国国际钢铁大会、钢材市场和贸易国际研讨会、钢铁原材料国际研讨会等重要国际会议的机会，宣传钢铁去产能和绿色发展所取得的成效和付出的巨大代价，取得了良好的效果。

协会为行业、为企业发展做了大量工作，协会的工作也得到了广大会员企业的大力支持。在此，我代表协会向广大会员企业表示衷心的感谢！也希望广大会员企业更好地承担起应尽的义务，一如既往地支持协会工作。

三、2020年行业发展形势和重点工作任务

（一）2020年行业形势

2019年12月中旬召开的中央经济工作会议在充分肯定成绩的同时，也提醒大家必须清楚地认识到，我国正处在转变发展方式、优化经济结构、转换增长动力的攻关期，结构性、体制性、周期性问题相互交织，“三期叠加”影响持续深化，经济下行压力加大。会议明确了2020年经济工作的基本思路为“四个坚持一个统筹”。“四个坚持”即坚持稳中求进工作总基调，坚持新发展理念，坚持以供给侧结构性改革为主线，坚持以改革开放为动力，推动高质量发展，坚决打赢三大攻坚战，全面做好“六稳”工作；“一个统筹”即统筹推进稳增长、促改革、调结构、惠民生、防风险、保稳定，保持经济运行在合理区间。

综合判断，中国经济整体向好的基本面没有改变，一系列改革措施正在释放出巨大的改革红利，这为钢铁行业保持稳定运行提供了良好的外部条件。我们一方面对形势的严峻性有着清醒的认识，同时也对中国经济的发展充满信心。

（二）2020年重点任务

2020年钢铁行业工作总体要求是：以习近平新时代中国特色社会主义思想为指导，全面贯彻党的十九大、十九届二中、三中、四中全会精神，按照中央经济工作会议部署，以供给侧结构性改革为主线，坚持可持续发展理念，全面做好稳运行工作。按照这一总体要求，钢铁行业要重点做好以下几方面工作。

1. 统一思想，引导预期，维护行业平稳运行。钢铁行业要彻底转变过去依靠规模扩张、低价竞争的老路，将认识统一到提高质量和效益上来。企业要保持定力，强化自律，合理控制生产节奏，共同维护市场稳定。协会将下大力气做好供需两端信息的收集、分析和发布，及时向国家有关部门反映问题和诉求，增加市场透明度，有效引导市场预期。

2. 巩固供给侧结构性改革成果，严禁新增产能。当前，协会正在配合政府部门开展钢铁产能、产量摸底工作，为科学决策提供真实的数据支撑；对专项督查中发现的拆除中频炉后上电炉的违规行为，保持高压态势，杜绝违规新增产能；严格执行新版《产业结构调整指导目录》，在 2020 年 6 月之前全面淘汰以中频炉为主生产不锈钢、工模具钢等钢种的落后工艺；配合做好相关产业政策制修订工作，发挥政策组合功效，反对仅仅以局部行政区划为界进行的同城搬迁。

3. 推动差别化环保限产和“错峰生产”、加快推进超低排放改造。尽管钢铁行业在环保方面进行了较大投入，但总体还有差距。协会一方面要组织开展环保对标和超低排放改造经验交流，同时，将配合有关政府部门建立长效机制，避免减产、停产“一刀切”，统筹超低排放政府支持专项资金，争取减免环境保护税，加大环保技术补助资金投入。

要组织研究并推动在钢铁产能集中且环境负荷过重的地区实施“错峰生产”，促进环保分类管控方案的进一步优化，反对以任何理由对合规生产的钢铁企业实施“无差别”的频繁停限产。建议推行“以控制排放总量为基础，以差别化管控为导向”的“错峰生产”

方式，限制落后，保护先进，促进整体环保水平提升和稳定、有效益的生产。

4. 积极推进企业兼并重组、提高产业集中度。长期以来，行业结构分散、产业集中度低等问题始终存在，导致钢铁行业在化解过剩产能、市场有序竞争、行业平稳运行、产业布局调整、技术研发创新、环保节能降耗等方面，既缺乏掌控能力，又缺乏自律能力，制约了行业的长期健康发展。协会将继续推动形成行业共识，推动国家尽快发布关于推动钢铁行业兼并重组的有关政策，推动行业兼并重组取得更大进展。

5. 大力推进科技创新。技术创新一要抓共性技术，二要抓“卡脖子”技术，三要抓面向未来的前沿技术。协会将于近期启动建设钢铁工业大数据系统，为钢铁企业研发新产品提供数据支持。协会正在筹备成立“科技创新工作委员会”和“钢铁材料应用战略咨询专家委员会”，统筹推进行业科技创新工作。鼓励中国宝武、河钢集团、建龙集团等在开发“氢能冶金”技术方面的努力，支持宝武钢铁集团筹备成立“全球绿色低碳冶金联盟”。鼓励和引导中小钢铁企业加强产学研结合，走“专精特新”之路。

6. 建立实施钢铁原材料保障战略。一是加强信息披露，强化市场监管。协会将在国家有关部门支持下，完善铁矿石等大宗原燃料信息发布制度。规范国际矿山企业的招标行为，打击市场垄断和恶意炒作。推动期货市场为钢铁行业服务的有效性，完善制度，加强监管，严查违法违规交易和行为。二是研究改进铁矿石等大宗商品定价机制。继续加强与主要铁矿石供应商的高层互动，强化和落实建立互利共赢上下游产业链的共识；推动铁矿石供应商和钢铁企业多利用现货交易平台成交，提高现货交易样本量和透明度；推动非单一指数定价，完善进口铁矿石定价机制。三是多措并举，拓宽铁矿石供应渠道。进一步推动降低国内矿山税费，稳定国内铁矿石、石灰石等的产量；进一步推动降低废钢加工环节增值税，放开废钢进口，促进废钢加工产业发展和废钢市场的平稳运行；大力支持建设海外铁矿石生产基地，提高权益矿比例。

7. 全面加强党的建设。坚持把政治建设摆在首位，全面加强党的建设，牢记“为中国人民谋幸福，为中华民族谋复兴”的初心和使命，不断创新党建工作方式方法；坚持党管干部、党管人才原则，聚天下英才而用之，奠定钢铁强国的人才基础；坚持党的全面领导与聚焦问题求实效有机结合，用党建引领钢铁行业克难攻坚，实现高质量发展。

同志们，2020年是“十三五”规划收官之年，让我们紧密团结在以习近平同志为核心的党中央周围，不忘初心，勇担使命，为全面建成小康社会和实现第一个百年奋斗目标，为钢铁行业和人类社会可持续发展的未来努力奋斗。

谢谢大家！

坚持聚焦高质量　勠力同心促发展

中国钢铁工业协会会长　沈　彬

各位理事，各位代表：

首先，感谢大家的信任，由我担任中国钢铁工业协会新一任会长。

过去的五年，中国钢铁工业取得了骄人的成绩：1.5 亿吨粗钢产能压减目标提前完成，助推行业效益达到历史最好水平；超低排放改造积极推进，行业绿色发展水平大幅提升；跨地区、跨所有制的兼并重组密集推进，行业集中度明显改善；大批新产品、新工艺的开发和应用取得成功，国际市场竞争力进一步增强；企业“走出去”步伐日益加快，在“一带一路”战略推进中展示了钢铁智慧，贡献了钢铁力量……刚才，高祥明会长的报告已经作了较为详细和全面的阐述。在此，我向包括高会长在内的历任会长的辛勤付出和广大会员单位的不懈努力，表示崇高的敬意和衷心的感谢！

刚才，高祥明会长对今年工作也作了安排，提出了要求，我完全同意。这里，我代表协会再强调几点意见：

第一，广大会员企业要在促进行业更稳运行上共同发力。

更稳运行一是体现在产品端，一是体现在原料端。产品端，就是要在严控产能过快增加，防止造成新的过剩上做文章。化解过剩产能是实现行业平稳运行、健康发展的重要前提。我们一方面要通过加强对市场信息的收集、分析和发布，有效引导市场预期；另一方面要在严禁新增产能和防范“地条钢”死灰复燃方面发挥好示范表率作用，加强自律，共同维护好来之不易的行业运营环境。原料端，重点是铁矿石市场的健康稳定运行，要在抵制垄断、炒作，提高交易透明度上形成合力，推动贸易机制进一步加快完善。

第二，广大会员企业要在促进更高质量发展上多出实招。

更高质量的发展是实现钢铁强国的必由之路。我们要积极适应新时代对钢铁工业发展提出的新要求，在贯彻国家产业政策、加快工艺技术创新、深化“两化”融合，推进智能制造，实现绿色发展，以及高端材料国产替代等方面，发挥模范带头作用，加快结构调整步伐，促进钢铁产业向全球价值链中高端迈进。

第三，广大会员企业要在促进协会发展壮大上再出新力。

钢铁协会在落实国家产业政策、推进供给侧结构性改革、促进行业平稳运行等方面发挥着十分重要的平台和引领作用。认真落实协会提出的重点工作任务，沙钢集团将竭力履行好轮值会长单位的各项职责，全力支持协会发挥职能、做好服务，大力推进钢铁企业间的信息互通、资源共享和交流互鉴，也希望广大会员企业积极配合协会，认真履行会员义务，积极承担会员责任，按要求完成相关工作，为把协会进一步建设好、发展好继续做出新的更大努力。

各位理事，各位代表：

2020 年，是我国致力打赢脱贫攻坚、决胜全面建成小康社会的最后一年，这对钢铁工业的发展也提出了更高的要求。在这一重要历史节点，大家推选我为新一任会长，深感责任重大。我将恪尽职守，不辱使命，和广大会员单位一道，深入贯彻党的十九大精神，高举习近平新时代中国特色社会主义思想伟大旗帜，不忘初心，牢记使命，改革创新，奋发有为，为实现中华民族伟大复兴的中国梦贡献“钢铁力量”。

谢谢大家！

产业链合作与发展专题报告会

CHANYELIAN HEZUO YU FAZHAN ZHUANTI BAOGAOHUI

专题报告会主持人致辞

何文波：

各位代表，各位同事，欢迎参加专门为此次会员大会组织举办的产业链合作与发展专题报告会。当前，面对国内条件和国际环境的复杂变化，面对应对气候变化和迎接智能化社会到来的巨大挑战，钢铁行业应迅速将工作重心从化解过剩产能转移到转型升级、高质量发展上来，不断提升绿色化、智能化水平，不断优化产业结构和产品结构，不断创新发展理念，打造互利共赢、协同发展的上下游产业链和生态圈。为此我们特别邀请了中国船舶集团董事长雷凡培同志，中国一汽集团董事长徐留平同志，中国建筑集团总经理郑学选同志，中国宝武集团董事长陈德荣同志，分别代表下游用户行业和钢铁行业做专题报告，同在座的钢铁企业领导进行交流，共同探讨如何强化上下游交流合作，打造互利共赢、健康发展、长期繁荣的钢铁产业链和生态圈。每位代表报告后，我们安排了互动环节，请大家踊跃提问。

变革中的中国汽车产业和钢铁工业

中国第一汽车集团有限公司董事长、党委书记　徐留平

一、世界汽车产业发展的历史概况

讲到新中国的汽车产业，就不能不讲世界汽车产业的发展历史。1886 年德国诞生的第一辆真正意义上的汽车——卡尔·本茨，拉开了世界汽车产业快速发展的大幕，欧洲汽车产业率先崛起，而后美国汽车产业发展壮大，再后来日本、韩国汽车产业快速崛起。还有一个重要时间点应该铭记，就是 2009 年中国汽车产量达到 1379 万辆，超过美国成为世界汽车产销第一大国。

21 世纪，以新一代人工智能及物联网、大数据等为主要驱动力的新一轮科技革命，正在推动汽车产业深刻变革。其中，新能源汽

车快速崛起。2017 年，全球新能源汽车实现销售 142 万辆，同比增长 54%。智能网联、自动驾驶、共享汽车的概念、投资、产品、服务与商业化推广等，于 2010 年开始兴起并快速发展。

截止到 2018 年，全球汽车产量已经出现了连续 9 年的下滑。在全球汽车产业布局中，中国是汽车产销量唯一突破 2000 万辆的国家，且大幅领先第 2 名。第二梯队的美国、日本、德国等，一般在 500～1000 万辆之间。

二、中国汽车产业的发展历程

1931 年，中国第一辆国产汽车——民生牌汽车在辽宁省沈阳市试制成功。新中国成立以后，中国汽车产业经历了两个重要的发展时点：一是 1953 年，中国一汽成为苏联援建的 156 个重大工业建设项目之一。据一位当年参加一汽建设的老同志讲，在当年的 156 个援建项目当中，参加一汽建设的人是最多的，它开启了新中国汽车产业从无到有、从小到大的宏大征程。二是 1958 年，国产的第一辆红旗牌轿车胜利实现下线。

改革开放后，中国汽车产业开始利用全球资源发展自身，从而进入快速发展阶段。第一个关键时点是，1984 年，国内第一家汽车合资企业——北京吉普汽车有限公司成立，中国汽车产业迈入合资合作时代。第二个关键时点是，1997 年前后，伴随中国经济发展和产业基础的成长，自主品牌开始进军乘用车市场，经过 13 年的努力，市场份额达到乘用车市场的三分之一；而后又经过 7 年的努力，份额接近二分之一。目前，受市场寒冬影响，份额下滑至 39%。第三个关键时点是，2009 年，我国成为世界汽车产销第一大国。第四

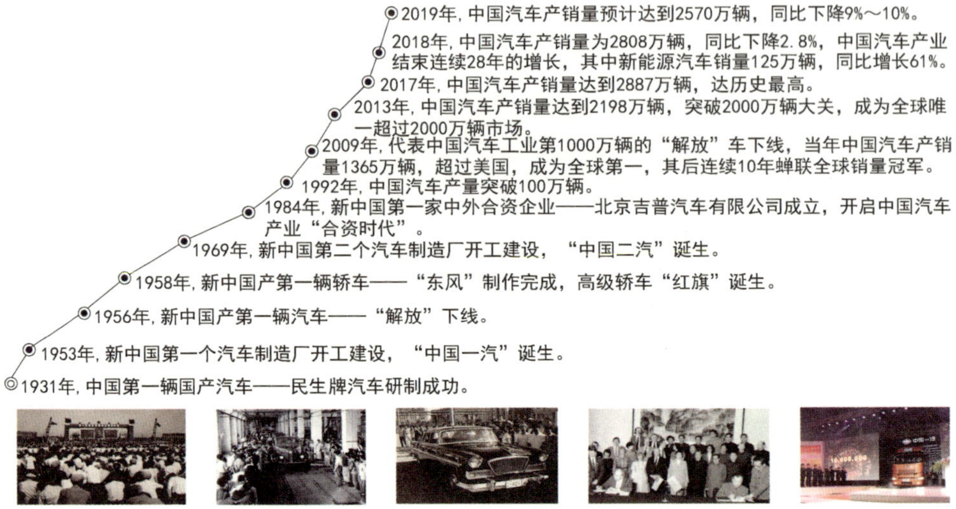

图 1　中国汽车产业发展历程

个关键时点是，2013 年，中国汽车产销突破 2000 万辆大关。

另外，中国在 2009 年启动了“十城千辆”工程，大力推广新能源汽车。2016 年，国家工信部牵头大力发展智能网联汽车。2017 年，中国汽车销量达到 2887 万辆，成为全球汽车发展史上的新的销量高峰。2018 年，中国汽车销量出现下滑，降至 2808 万辆。2019 年，进一步下滑到 2577 万辆，下降 8.2%。

下面这两张图，简要示意了 2018 年中国汽车市场的品牌格局。通过图 2（a）可以看出，中国品牌（包括自主商用车和乘用车）的市场份额超过了一半，达到 51%。图 2（b）是按国别划分的乘用车占比分布，中国品牌占比最高，达到 40%；德系车占比为 22%，位居次席；日系车占比为 19.1%，位居第三；美系车占比为 10%。2019 年，美系汽车的产销量出现了断崖式下滑，无论是福特系汽车还是通用系汽车，下降的幅度都比较大。

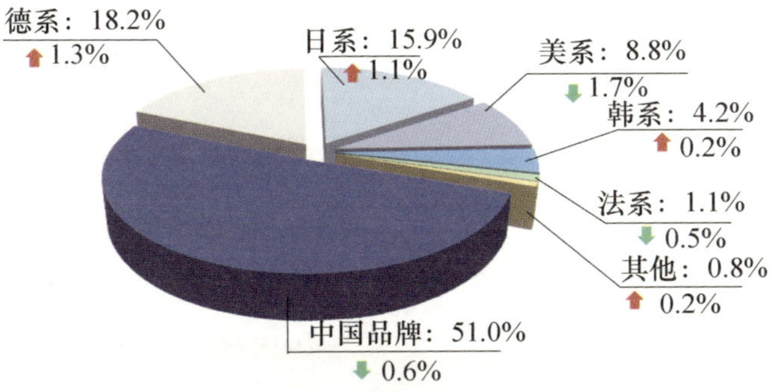

(a)

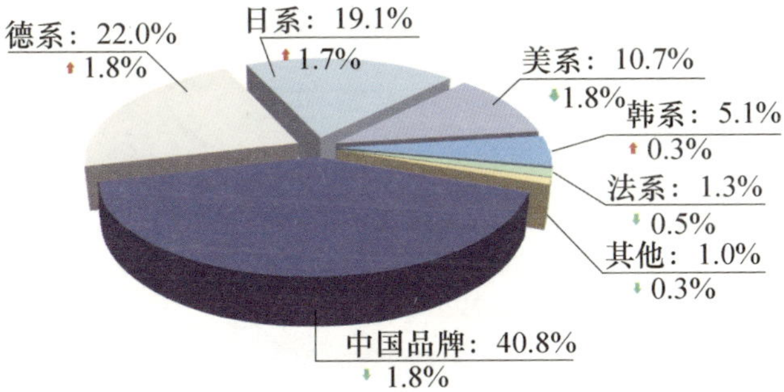

(b)

图 2　中国汽车市场品牌格局

当下，汽车产业正处于诞生百年来的最大变革之中。在此轮变革中，我们认为有三大因素驱动着四大变化：一是产业政策，包括产业开放政策、节能环保政策等。二是消费升级，消费者对汽车产品的一系列消费和服务需求发生了很大变化，例如移动出行，使消费者无须购买汽车即可享受用车服务。三是汽车领域中的一系列重大技术创新。上述三大因素正推动整个汽车产业向电动化、智能化、网联化、共享化等四大方向转变。在此过程中，消费行为、城市管理、交通出行等都发生了巨大变化。同时，由于强烈的技术驱动，整车价值（按照价值量统计）也发生了一系列重大的变化。图 3（a）是 2018 年整车价值的统计图，图 3（b）是对 2025 年整车价值结构的预测。

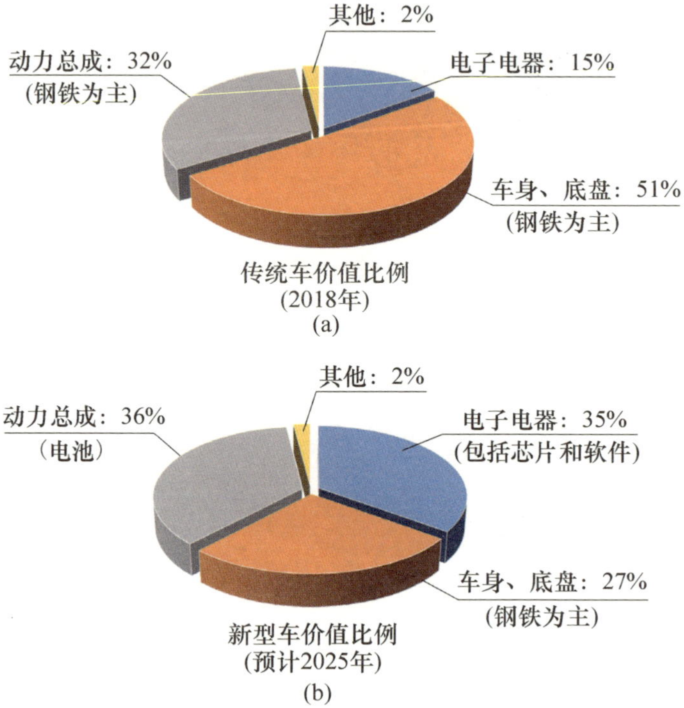

图 3　整车价值统计图

我们认为，汽车产业未来的竞争主要是电子电器竞争。与 2018 年相比，2025 年整车价值构成中，动力总成从钢铁变为电池，价值占比为 36%；芯片和软件的价值占比达到 35%；而处于传统主导地位的钢铁配件，其价值占比将由 83%下降至 27%。

三、变革当中的中国汽车产业和钢铁工业

传统汽车产业与钢铁工业密切相关。正因为有了钢铁工业的快

速进步，才使中国汽车产业成为了一个蓬勃发展的产业。从汽车用钢看，无论是发动机用钢，还是传动系统用钢，或是行驶系统用钢，都呈现高精尖、用量大等特征。可以说，传统汽车的主要材质就是钢铁，没有钢铁工业就没有汽车产业。

我们把汽车产业的过去称之为“钢铁+X”，汽车产业发展到今天，则转型升级为“X+钢铁”。由于整个电子电器价值的不断增加，带来了“芯片+钢铁”“软件+钢铁”等巨大变化。

2019 年，中国一汽直接采购的钢材量是 170 万吨，如果以生产 340 万辆车为基数，每台车的直接采购钢材量约为 0.5 吨。其中，宝武集团占采购总量的 40%，鞍钢占 20%。借此机会，感谢钢铁企业对中国一汽的大力支持。

四、中国一汽的发展历史和概况

中国一汽 1953 年建厂，历经 67 年的发展，2019 年销量达到 346 万辆。

回顾中国一汽的历史，让人备感荣光。1953 年 7 月 15 日正式奠基，毛泽东同志亲笔题写厂名。据我们了解，毛泽东同志亲自为一个工厂题写厂名，这在新中国历史上还是第一次。一汽人不负众望，1956 年 7 月造出新中国第一辆汽车。解放牌汽车的成功下线，满足了当时亟须的国防建设需要和国民经济建设需要，为中国人民争了光。1958 年 8 月 1 日，一汽人又完成了红旗牌轿车的制造，这也是新中国的第一个高级轿车品牌。

随着改革开放的到来，中国一汽开始了第二次创业，核心是对解放牌卡车进行换型改造，以适应市场化需要。从 20 世纪 90 年代开始，中国一汽先后与德国大众、日本丰田等进行合资，进入自主发展与合资合作“两条腿”走路的发展时期。2006年起，中国一汽开始加快发展自主品牌轿车，新推出了奔腾等一系列乘用车产品。2018年，发布“2025战略愿景规划”，我们内部称为“831”战略，即从2018年到2025年，经过八年的奋斗，实现经济规模、价值创造、人均收入等三个方面翻一番，加快把中国一汽打造成为世界一流移动出行服务公司。

在国内基地布局方面，一是东北的吉林，这是中国一汽的大本营；二是华北的天津；三是华东地区，主要在山东和江苏；四是西南地区，主要在四川；五是华南地区，主要在广东。

在品牌布局方面，一是解放品牌，这是一汽的根，一汽是从解放品牌发展壮大的；二是红旗品牌，这是一汽的魂，也是中国目前唯一的自主高端乘用车品牌；三是奔腾品牌，这是一个主流乘用车品牌。以上是中国一汽的三大自主品牌。同时，中国一汽还有一些合资合作品牌，如大众、奥迪、丰田、马自达等。

在研发布局方面，充分利用全球技术和人才资源，在德国和美国设有海外研发机构；在长春、北京、上海、南京设有国内研发机构，形成了“三国六地”的全球研发布局。在发展汽车产业上，中国是后来者，欧洲和美国走得比较靠前，历史长、人才多、经验足。正是基于上述考虑，我们才在欧洲和美国设立了研发中心。同时，针对所处东北的发展环境，又在北京、上海、南京等地设立工程技术中心。通过这样的研发布局，让国内外最先进、最前沿的技术包括人力资源等为中国一汽所用，以快速适应未来产业发展的要求，同时推动企业转型升级。

在生产制造方面，中国一汽拥有全球领先的生产制造工厂。例如，在长春设立了红旗牌系列汽车生产厂、解放牌汽车生产厂、奔腾牌汽车生产厂、一汽大众和一汽丰田系列产品生产厂等。

在海外布局方面，中国一汽在“一带一路”沿线的14个国家建立了16个组装基地，组装比例超过60%。同时，积极拓展全球贸易，覆盖49个国家和地区，累计出口汽车超过30万辆。

2019年是全球汽车产业近几年最惨淡的一年，销量下降了9%~10%，全行业利润可能会有4.1%左右的下滑。总体来看，中国一汽2019年表现还是不错的，无论是自主还是合资，无论是销量还是收入、利润都有所增长。全年实现整车销售346万辆，同比增长1.2%；实现营业收入6194亿元，同比增长4.3%；实现利润442亿元，同比增长2.6%，在国内主要汽车集团中一枝独秀。

五、红旗品牌的发展情况

“红旗”之于国人，绝非一般意义上的汽车品牌，而是作为一种深深的情怀和神圣的记忆，深深刻印在国人的心中。新中国的历届领导人，都乘坐过红旗轿车。特别是最近三年多以来，习近平主席几乎所有的出访、国事活动等，都使用了红旗轿车。

2018年1月8日，中国一汽发布了红旗品牌下一个十年发展战略，包括“红旗”的技术品牌、公益品牌、服务品牌和出行品牌。目前，红旗品牌拥有四大系列产品，其中一个是L系列，即新高尚红旗至尊车，着力打造国家领导人用车和重要的外事、国务活动用车。L系列也针对私人市场提供少量产品，不过价格相对较高，8缸车型600万元起售，12缸车型700万元起售，现在预订出去的产品基本都在 1000 万元左右。

红旗 H 系列为新高尚红旗主流车，2019 年推出的系列新品基本做到细分市场数一数二。红旗 HS5 目前供不应求，差不多要等 4 个月才能提到车。2020 年 1 月 8 日，在人民大会堂发布的红旗 H9，是 H 系列最新的顶级车型。

此外，2019 年 9 月，中国一汽在法兰克福发布了 S 系列的 S9 车型。红旗 S9 百公里加速时间仅需 1.9 秒，最高时速达到 457 千米/小时，其所有的产品和技术都是中国一汽开发的。目前，这类超级跑车的国内需求旺盛、保值率高，该车型将于 2021 年推出。

在生产制造方面，全新建设了红旗 L 平台智能工厂，是全球顶级高端车领域最优秀的智能工厂之一。宾利生产工厂总裁参观后表示，比宾利好多了。

在营销服务方面，提出了“311”客诉快速处理机制，即针对消费者问题，3 分钟响应，1 小时出具解决方案，1 日内实现问题关闭。

当前，经过一系列的改革调整，特别是在新红旗品牌战略指引下，“红旗”首战告捷又再创新高，创出了超常规的“红旗速度”，引发了上级和业界广泛关注。2018 年，实现销售 3.3 万辆，同比增长 624%；2019 年，实现销售 10 万辆，同比增长 203%。2020 年，目标是再翻一番，达到 20 万辆。同时，奋力向 2022 年销售 40 万辆、2030 年销售 100 万辆的宏伟目标迈进。

2020 年，预计中国汽车市场会呈现止跌回升的情况，增长幅度或在 1%左右。中国汽车市场容量足够大，无论下降或增长每年都能有 2500 万~2700 万辆的市场空间，企业能否实现健康发展，关键是要看有没有好的产品和服务去打动消费者。过去两年，红旗品牌推出的每一款产品都是爆款。所以说，拥有卓越的产品创新和技术创新，企业就能够在中国汽车市场上更好的发展。

本次会议既指出了钢铁工业和汽车产业的合作潜力，也指出了钢铁工业面临的竞争和挑战。通过对汽车产业及红旗品牌最新信息的分享，希望能够为大家更多、更全面了解汽车和钢铁当前及未来的关系，提供更加开阔的视野。

新红旗，让理想飞扬！

——— 点评与互动问答 ———

徐留平同志报告后，何文波同志做简要点评，沙钢集团党委书记、董事长沈彬和本钢集团副总经理张鹏提问，徐留平分别针对两人问题作答。

何文波　点评：

听了这个演讲，大家应该感到非常震撼，我也是同样的心情。演讲从内容到形式都非常精彩，给钢铁行业改变传统形象提供了一个经典案例，值得我们好好学习。徐董事长不只介绍了一汽的概况，也给我们描述了一幅中国汽车工业和世界汽车工业的清晰图景，既指出了钢铁工业和汽车工业的合作潜力，也指出了钢铁工业面临的竞争和挑战。一汽的红旗汽车高大上，我认为这次的报告也是高大上的，也是来自汽车工业的最新、最权威的报告，是徐董事长专门为我们准备的。其中提到了很多汽车和钢铁的关系，包括现在的关系及下一步的关系。作为共和国长子，一汽在徐董事长的领导下进行了大刀阔斧的改革，历尽艰辛，创造了辉煌。我今年也因为工作关系多次去一汽，每次和一汽集团团队面对面的时候，都感到了非常有感染力的创业精神。这种情怀追求，这种使命感，也是我们钢铁行业需要学习、借鉴的。

沈彬　问：

刚刚您的报告非常精彩。您讲到 2018 年和 2019 年整个汽车行业的产销量都在下降，全球汽车市场也在下行，但是一汽的红旗轿车销量年年翻番。那么，一汽在汽车市场往下走的情况下，是怎么做到产销量往上走的？您怎么看未来整个汽车市场的走势？

沈彬提问

徐留平　答：

首先，2020 年我们行业也做了一个预测，估计汽车产业销量增长约 1%。其次，中国汽车市场很大，每年二千七八百万辆的容量，关键是有没有东西去打动消费者。所以，中国一汽提出，打造极致梦幻的产品来打动消费者。有这样的金刚钻，必然有瓷器活儿。实际上，从过去两年红旗汽车的实践来看，每推出一款产品都是爆款产品，包括现在停在会场外面的新的红旗 H9。只要有优秀的产品创新、优秀的技术创新作为基底，中国汽车市场就不可能一直下滑。

张鹏　问：

听了徐董事长的报告很高兴。我们也是竭诚地、持续地在为一汽服务。一汽出台“831”战略后，本钢也为之振奋。尤其是近期 H7、H8 在细分市场上都有非常好的表现。那么，在一汽“三国六地”研发机制中，一汽的核心竞争力是什么？

张鹏提问

徐留平　答：

感谢本钢多年来对一汽的竭诚服务。传统汽车产业资源不平衡，中国汽车无疑是后来者，欧洲和美国走在前面，历史长、人才多、经验多。所以，一汽在欧洲和美国建立了研发中心，来弥补中国国内汽车产业技术资源的不足。一汽在北京、上海、南京等地也建立了工程技术中心，同时在海外一些地区进行技术布局，主要是在最新技术方面，比如新能源、智能网联、人工智能等。这样就能让最前沿的技术、人才资源为一汽所共享。

创新　合作　共赢

中国船舶集团有限公司党组书记、董事长　雷凡培

很高兴参加中国钢铁工业协会六届一次会员大会。我来自于船舶工业，我们一直有一个理念——没有钢铁就没有船舶，船舶行业和钢铁行业是生死与共的好战友。我今天以创新、合作、共赢为主题和大家进行交流。主要有三部分内容：一是新组建的中国船舶集团有限公司基本情况；二是船舶工业和钢铁工业合作共建产业生态圈的共赢发展情况；三是未来深化合作的几点建议。

一、中国船舶集团有限公司基本情况

从20世纪50年代开始，伴随着共和国的发展，中国船舶集团

经历了第一机械工业部、第二机械工业部、第三机械工业部、第六机械工业部，而后成为中国船舶工业总公司。中国船舶工业总公司是由第六机械工业部和交通部的部分单位共15个单位整合而成。按照党中央、国务院决策部署，原中国船舶工业集团有限公司和原中国船舶重工集团有限公司联合重组成立了中国船舶集团有限公司，新集团11月8日完成注册，11月26日正式挂牌，12月底完成了总部的整合，现在已经有序开展工作。

目前，中国船舶集团有限公司拥有驻外机构53家，成员单位147家，资产总额8110亿元，创新平台203家，员工31万人，在钢铁行业的支持下，2019年新接订单和手持订单量均超过全球份额的20%，是世界第一大造船集团。中国船舶集团是我国海军武器装备的主力军，为海军研制了国产航母、大型驱逐舰、两栖攻击舰、核潜艇和常规潜艇等武器装备。民船方面，中国船舶集团都能够设计、建造符合全球船级社规范要求的各种船舶。目前生产的有30万吨原油船，40万吨矿砂船，22万吨能装载2.3万个标准集装箱的集装箱船。该集装箱船只需22个船员就可以把2.3万个集装箱运到世界各地，运输成本大大下降。同时中国船舶集团生产的民船市场份额逐年提升，所生产的民船出口到世界上150个国家和地区。除了上述几种产品以外，集团主要标志性产品还有LNG船，即液化天然气船，正在建造的13.5万总吨的大型邮轮，可载客5240人，加上1500名船员，可达7000人，堪称海上的巨无霸。在环球时报评出的2019年十大武器产品装备中，中国船舶集团建造的舰艇装备占了4项，国产航母、核潜艇、大型驱逐舰、两栖攻击舰均榜上有名。中国船舶集团现在确立了四大主业：一是防务装备产业，主要是海军装备；二是船舶海工装备产业，主要是民船和海工产品；三是船舶军工技术转换的应用产业，如海上风力发电、环保产品等；四是船海服务业，即为主业实业服务的物流、金融、贸易等。

当前，中国船舶集团正在全面贯彻习近平总书记对中国船舶集团有限公司挂牌成立时的指示，奋力建设世界一流船舶集团，我们努力在军工央企中率先建成具有国际竞争力的世界一流企业。

二、船舶工业和钢铁工业密切合作共建产业生态圈

船舶工业与钢铁工业密不可分。举个例子：韩国起初在建立钢铁工业和船舶工业时是钢铁先行，但后来政府认识到既然国家有钢铁又有海洋，也应把船舶作为支柱产业，结果最终以国家力量把韩国打造成为了世界造船大国。这是船舶和钢铁完美地结合的典型实例。从产业特征来看，船舶工业与钢铁产业链高度融合。

第一，造船与钢铁互为上下游，都是周期性较强的产业，一定程度上是命运共同体。船舶是国际货运的主要载体，承担了全球货物贸易总量的85%，已经成为经济全球化和各国外贸发展的生命线。我国进口铁矿石、焦炭等原材料及钢铁成品等大都是通过大型船舶海运来完成的。因此钢铁产业是船舶工业供应链、产业链建设的重要内容。同时，作为钢铁行业的下游，造船产业是钢铁工业的消费大户。一般来说，钢材成本占造船成本的20%左右。以中国船舶为例，2019年船用钢材订货量为328万吨，型材订货量为29.6万吨，合计约为360万吨。中国船舶集团在鞍钢、湘钢、营口中厚板厂、沙钢的民用船舶用钢的订货量很大，与宝武集团的军船用钢的订货量非常大。多年以来，中国船舶集团与多家钢铁界的伙伴建立了非

常紧密的合作关系。国内绝大多数的钢铁企业都是我们的合格供应商。

第二，造船与钢铁产业联动、融合发展是国际惯例和大势所趋。随着钢铁行业、船舶与航运产业集中度不断提升，船价、货运运费、钢材价格联动效应更加突出。实现上下游产业链联动发展，已经成为行业发展中进一步建立和增强竞争优势的重要举措。

从融合成效来看，船舶工业与钢铁工业实现了共赢发展。一是强化战略投资合作。我们与宝钢合作，投资了长兴、龙穴等造船项目。2004 年与鞍钢成立大连钢材加工配送有限公司，近年来这些合作不断深化拓展。从产业投资、产业链协同角度来看，这些投资都是成功的，双方的战略合作结出了丰硕的成果。二是推动技术联合攻关。在国防领域，双方围绕武器装备需求，在薄板、厚板、型板、铸锻件等材料研制及加工领域密切合作。在高技术船舶与海工领域，双方在集装箱船用止裂钢、薄膜型液化天然气船用殷瓦钢、超高强度的海工钢、低温钢板、双相不锈钢、耐蚀钢等高端品种领域开展了联合攻关。这些技术攻关对造船业的发展起到了强有力的支撑。

第三，打造互利互惠的格局。特别是在金融危机前后，钢铁行业对船舶行业给予了非常大的支持。2006~2008 年国际船舶市场旺盛，钢铁行业实现了船舶用钢的国产化，帮助造船企业降低了成本。在 2008 年金融危机爆发后，钢铁行业和船舶行业同舟共济，支持船舶在十多年的低迷状态艰难前行。在此也感谢钢铁行业的各位老总、各位同仁对船舶的大力支持。

回顾这些年的发展，我们深深地感受到，无论兴旺还是市场低谷，中国船舶集团与钢铁界的兄弟企业始终相互支持、相互帮助，共同应对挑战，构建了行业双方紧密合作有活力的产业链和生态链，为共同发展提供了有力的支撑和保障，也为下一步实现更大的发展奠定了良好的基础。

三、对于船舶业与钢铁业未来深化互利合作的几点建议

第一，要在加强军工协作上下功夫。围绕新的安全威胁和海洋权益保护、海洋资源开发等领域，瞄准新的作战需求，持续推进潜艇、水面作战舰艇等新型装备的发展。现在是海军装备建设的重要历史时期，所以造船业对新的钢材，特别是对高强度轻质化的要求非常高。

第二，要在加强高技术产品研发和制造合作上下功夫。要立足“小核心、大协作”的研发，实现研制的体系化，扩大合作的深度和广度。当前，船舶领域仍有一些高端材料品种亟待国产化，例如极地船舶用钢仍依赖进口，殷瓦钢成本高于韩国研发的超低温高锰钢30%左右，张力腿平台筋键材料制备和加工技术领域仍处于空白，耐蚀钢、双相不锈钢亟待在市场上推广。举个例子：2018 年，国际市场的 68 艘 LNG 船订单被韩国人抢走了。我们最大的一个痛点就是痛在成本上，成本比人家高。周期现在只差一个月，但成本依然下不来，所以这方面确实我们感觉到还是要下功夫。

第三，要在材料基础技术合作上下功夫。下一步在超导材料、纳米材料、石墨烯、生物基材料等战略性新材料领域加强合作。同时在基础材料设计及加工技术方面，开展深度的合作。在材料技术基础与标准领域深化合作。这些方面我们共同合作，为国家工业强基工程添砖加瓦。

第四，要在拓展新业态合作上下功夫。新的竞争形势呼吁新的合作模式，我们希望深化与钢铁企业的战略合作关系，在推进钢材、原材料、物流、技术研发等领域全面合作的基础上，进一步深化成套物流、国际贸易、工程总包、金融服务、新能源等领域的合作，充分发挥各自的优势，共同开拓新领域、新产业，并推动这些产业做强、做优、做大。2019 年是世界船舶业的又一个低谷，这一年全球船舶的新订单量锐减 40%，但我们是不减反增。2020 年船用环保标准实施，再加上中美贸易的不确定性，由于新船订造会有滞后，因此展望 2020 年，新船订单量将会有所提升。中国船舶集团 2019 年造船完工量是 1478 万载重吨，我们 2020 年确定的完工量目标是 1650 万载重吨，会进一步增长。

最后，借此机会再次感谢钢铁界的各位领导和同志们对船舶工业的大力支持，我们希望船舶和钢铁双方共同携手走向新的高度，续写新的篇章。

谢谢大家！

——— 点评与互动问答 ———

雷凡培同志报告后，何文波同志做简要点评，安阳钢铁集团董事长李利剑和福建三钢集团总经理曾兴富提问，雷凡培分别针对两人问题作答。

何文波　点评：

谢谢雷董事长！请稍微留步，我们还有问题需要探讨一下。在此之前，我想讲一点感受。刚才的介绍非常精彩，涵盖了造船的历史、现状和未来，而且也特别讲明了造船和钢铁的关系，对我们启发很大。对于给我们做报告的雷董事长，我想到一句话，叫做“可上九天揽月，可下五洋捉鳖”。这样的人就在这里。雷董事长是近两年才到船舶行业，原来一直在航空航天领域。我们熟知的嫦娥、神舟等都是雷董事长亲自指挥发射的。这两年，中央又将雷董事长调到船舶工业。尤其是在两个月前，两大船舶合并成为世界第一大船舶公司，他继续任董事长。我再披露一下，我也很荣幸地被董事长聘为外部董事，雷董事长是我领导。我说，咱们应互相沟通，所以很幸运能听到这样的报告。

还有一个消息，今天我们在这里开会，人民大会堂举行国家科学技术奖励大会，习近平总书记授奖的两位最高奖获得者，其中一位是中国船舶集团719所名誉所长、中国工程院院士黄旭华。这也是中国船舶行业第一次获此殊荣。看到这个消息，我很振奋。我建议大家给点掌声，向从事高精尖业务的科技人员表示敬意。

李利剑　问：

雷董事长，您好！非常感谢您在百忙当中给我们做了这么精彩的报告。中国改革开放40年，新中国成立70年，经济实力不断强大，我们中国目前是世界第一造船大国，中国船舶集团公司又是世界第一大造船集团，对国家国防支撑等方方面面做出了重大贡献。

钢铁工业也义不容辞为我国船舶制造做出我们钢铁人应有的贡献。所以我想请问雷董事长，您认为目前在船用钢铁材料供应方面还存在哪些问题？也就是说我们还应该更好地做好哪些工作？谢谢雷董事长！

李利剑提问

雷凡培　答：

中国要实现从造船大国向造船强国迈进，除了我们船舶人自身努力外，还需要钢铁人和我们联合起来才能实现。因为在船舶的设计和建造过程中，不仅要优化船体的线型和结构，同时还要造出既可靠又低成本的产品。所以在这方面，我们必须与船舶产业链关联度最大的钢铁行业进行合作，形成发展的命运共同体。日本虽然造船业规模收缩了，但是他们造船和钢铁的合作模式应该值得我们借鉴。因为从订船，到订钢材，再到钢材到位并开工建造，一般需要一年到一年半的时间。在这个时间内可能会有钢铁价格的上浮或者下降。而我们应该做到不管钢铁价格如何波动，都要互相信任和帮助，共同应对市场。我们为了一个共同的目标，就是使中国造船业能成为世界最强或者使我们的船舶产业成为世界最好。我想这可能是我们要追求的一个最重要的理念，也是我想呼吁的，就是我们要形成一个命运共同体。谢谢！

曾兴富　问：

我来自福建三钢集团。我们公司年产中厚板150万吨，在与造船行业多年合作的过程中主要存在两个问题：一是船板价格经常扭曲低于普板价格；二是付款问题。造船行业都是要求先欠后付，钢铁行业却是款到发货，模式正好相反，矛盾始终无法解决，目前权宜之计只能让中间商垫资代理。类似这些方面，我们怎么合作，希望给我们提一些建议，谢谢！

曾兴富提问

雷凡培　答：

刚才曾总提的问题我认为非常好，也加深了我们两家相互了解。因为船舶行业目的是走向国际化，中国船舶集团80%的船舶是卖到国外。其付款方式是，签了合同先付10%，上船台后再付10%，到海试的时候再付10%，最后交船签字付70%。这就是它的产业链。所以我们怎么样在产业链中合作，能够使船舶和钢铁双方都不会受损失，都能够实现正常运转，我们要共同合作找到一个契合点。同时也希望双方在这个过程中，能够协商进行大批量生产。例如，船舶能有10年或者5年的新船订单量，这个订单订立后，我们需要大量订购钢材。钢材订购后，我们可以打给钢厂一笔运转费用，来支持钢厂的正常运转，这样更好地推动船舶行业和钢铁行业持续发展。这方面我想可能得要坐在一起，结合这个特点共同研究对策。这种状态下我们怎么去经营，怎么样搞好，怎么样更好地实现互相支持、互相帮助，这一点我也认为很重要。谢谢！

何文波　点评：

我们今天都是企业的老总对话。其实我到中国船舶集团有限公司任董事，董事长就给了个任务，说：“原材料降成本，你得帮我们出主意”。刚才提到了日本的产业链合作，提到配送，所以这个领域是有大量机会的，是通过合作而不是价格。

新时代中国建筑业的发展

中国建筑集团有限公司总经理　郑学选

在中国，建筑行业是钢铁行业最大的下游领域，建筑用钢占钢铁消费总量的50%以上，建筑行业与钢铁行业有着非常紧密的关系。身处建筑行业的中国建筑集团有限公司，是我国专业化发展最久、市场化经营最早、一体化程度最高、全球规模最大的投资建设集团，和钢铁行业、企业关系更为紧密。非常荣幸，有机会参加中国钢铁工业协会年度会员大会并发言，与各位领导、专家沟通交流，为新时代钢铁和建筑产业高质量发展共谋良策。这次会议是我国钢铁行业的年度盛会，在此我谨代表中建集团向大会的召开表示热烈的祝贺。

钢铁工业是国民经济重要的支柱产业，在现代工业体系中处于重要基础地位。中国钢铁工业伴随着新中国的发展不断壮大，钢铁产量的增长、品种的丰富、质量的提升，有力地支撑了国民经济的发展，铸就了中华民族强国富民的钢铁脊梁。特别是近年来，钢铁工业以壮士断腕的勇气，贯彻落实党中央提出的供给侧结构性改革任务，化解过剩产能，推进绿色发展、创新发展、国际化发展，为满足人民群众对美好生活的向往，作出了新的贡献，在此表示崇高的敬意。

建筑业和钢铁工业同为国民经济的支柱产业，我们一起走过了不平凡的光辉历程。70 年来，我国的国内生产总值由 680 亿元增加到今年的约 100 万亿元，年均增长 8%。中国的钢材产量由新中国成立初期的十几万吨，增加到现在近 10 亿吨，年增长率达到了 13%。而建筑业的总产值，则由 57 亿元，增加到现在的 24 万亿元，年均增长率也在 13%这个水平上。可见，钢铁工业和建筑业是一对携手共进的亲密兄弟。再者，钢铁工业和建筑业的增长速度都高于中国经济的整体增速，可以说两者既是中国经济发展成果的受益者，也是推动中国经济发展的重要力量。

据统计，2019 年我国的钢材消耗量约 8.8 亿吨。其中，全国建筑行业的钢材消耗量大概 4.8 亿吨，占比过半。也就是说，中国建筑业使用了中国一半的钢铁。再举一组数据，中建集团 2019 年通过集采平台采购的钢材量突破了 3900 万吨，占到了建筑行业用钢量的 8.2%。可以说，一方面，我们的项目建设离不开钢铁工业；另一方面，中建集团也是中国钢铁工业发展的重要参与者。

钢铁为建筑撑起了铮铮铁骨，建筑又为钢铁打造了展示平台，两者既并肩发展，也面临着相似的挑战。因此，两个行业之间、建筑企业和钢铁企业之间，都需要开展更为广泛深入的交流和合作，实现互利共赢，共同拥抱更加美好的明天。在此之前，曾向何书记汇报，中建集团已经在深圳开设了中国第一个钢结构博物馆，这个钢结构博物馆旨在展示中国和世界钢结构产业发展历程和发展水平，促进建筑业与钢铁工业的深度交流。这也充分说明钢铁工业和建筑业是相互促进的命运共同体。

一、关于中建集团的历史沿革和经营发展情况

中建集团是我国投资建设领域唯一的一家中央直接管理的国有重要骨干企业，前身是国家建工总局。一些成员的历史可以追溯到新中国诞生之初，国家“一五”“二五”期间的很多建设项目，特别是工业类建设项目，中建集团都是重要的参与者。特别是一汽的建设，是中建集团最早的一个项目，建设中提出了新中国建筑劳动定额的概念，这个生产定额就是从一汽建设开始编写的。

1982 年 6 月，国务院进行第一轮机构改革，国家建工总局将当时建工总局下属的六个工程局、多个设计院以及当时专门从事对外承包业务的中国建筑工程公司，合并成立了中国建筑工程总公司。后来，在“百万裁军”中又有基建工程兵的两个支队整体划转到中建，也就是现在的中建第七、第八工程局。2007 年，中建总公司发起设立了中国建筑股份有限公司，2009 年中建股份整体上市，募集资金超过 500 亿元，创造了上市当年全球最大的 IPO 和迄今为止全球建筑地产公司上市筹集资金金额最大这两项纪录。

2017 年，中建总公司由全民所有制改制为国有独资公司，更名为现在的中国建筑集团有限公司。2019 年，中建集团位居《财富》“世界 500 强”第 21 位，中国上市公司 500 强第 3 位，中国企业 500

强第4位。刚刚过去的2019年，中建集团新签合约额超过2.86万亿元，同比增长9%。2018年营业收入达到了将近1.2万亿元，利润超过了700亿元。2019年的数据还未统计出来，应该还会有一个非常不错的增长。

同时，中建集团也保持了行业内全球最高的信用评级，被标普、穆迪和惠誉三个国际评级公司评为A级。目前，集团经营的业务遍布国内以及海外100多个国家和地区，主要业务覆盖房屋建筑、基础设施建设与投资、房地产开发、勘察设计、新业务等多个领域。

在房屋建筑领域，全国90%以上的300米以上的高层建筑，超过一半的500米以上的超高层建筑，以及众多大型场馆、会展中心等大型公共建筑，都是我们建设的，也代表了当前中国房建领域的领先水平。

在基建领域，我们投资建设了全国3/4的重点机场、1/3的城市综合管廊、1/2的核电站，在城市轨道交通、高铁、市政道路等领域都有一定的专业优势。2019年，我们在基建领域完成的产值超过了3000亿元。

在地产开发领域，拥有投资、开发、设计、建造一体化的能力。其中，发源自香港特区的中海地产，已经成为中国房地产里的领军企业之一。

在勘察设计领域，目前中建集团旗下拥有7家大型的甲级勘察设计院，具有设计领域最高资质等级，并完成了众多的标志性设计项目。

在新业务领域，中建集团也积极拓展了建筑工业化、水务、环保、电子商务等业务。其中，装配式构件的设计总产量位居全行业第一，电子商务平台的采购额达到 8000 多亿元，也稳居全行业第一。在国际化经营方面，我们在海外累计承接的项目 7000 多个，在北美、北非、东南亚等区域都有稳定的产出机构。尤其是 2013 年"一带一路"倡议提出以来，我们累计完成的海外合同额达到 1400 亿美元，营业收入也突破了 700 亿美元。

二、关于中建集团改革发展的体会

在激烈的市场竞争中拼搏四十年，中建集团实现了从"任务靠分配""支出靠供给"的传统国企到"自主经营、自负盈亏、自我发展、自我约束"的市场主体的转变。"在游泳中学游泳"，这是中建集团投身市场经济始终坚持的原则。我们虽然是中央企业，但却是完全在竞争领域成长壮大起来的。关于中建集团改革发展的体会，简要谈以下几点。

1. 坚持市场为大

中建集团认为，市场经济条件下融入市场、直面竞争是企业的唯一出路，不思进取、等米下锅只会逐渐消亡。所以，我们始终坚持以客户为中心，为客户创造价值的经营理念，坚定追求有盈利支撑的规模增长。中建集团成立以来，基本上保持了每 11~12 年规模增长 10 倍的发展速度。

2. 坚持突出主业

多年来，中建集团始终坚持不断做强、做优、做大主业，不从事与主业不相关的业务。

房屋建筑是我们的主业，所以对房屋建筑的定位就是"无房建不稳"，我们全力推动其保持领先地位，引领绿色、智慧、工业化等前沿建造技术的发展；基础设施业务是完善建筑业务结构的一个重要方面，其定位就是“无基础设施不强”，我们积极完善统分结合的经营体系，集全集团之力来开拓基础设施业务，基础设施业务从零开始，目前的营业收入占到集团总收入的25%，而且是从事基础设施全领域业务；地产业务是我们重要的利润产出点，我们不断强化地产业务的优势，落实“房住不炒”的理念，坚持稳健经营，目前房地产业务板块的利润占到总体利润的50%左右；设计业务虽然总量较小，但也非常重要，我们明确了“无设计不优”的定位，积极推动设计业务在集团品牌培育和人才培养方面发挥重要的支撑作用。

3. 坚持人才为本

企业要发展，人才是第一资源。中建集团主要是以专业化、职业化、国际化的人才战略，来系统规划和建设一流的人才队伍。

4. 坚持创新为要

创新是引领发展的第一动力。面对市场的高度不确定性，我们努力寻求市场要素的优化组合，寻求建立“新的生产函数”。围绕着产业链创新业务，在创新方面投入的力量是非常大的，而且也有所收获。近年来，我们在水务、建筑工业化等领域均有所突破，虽然其体量目前还比较小，但对于公司下一步发展的引领作用已开始逐渐显现。

三、关于建筑业的发展趋势

根据我们的分析，未来建筑业的发展趋势主要有以下几个方面。

1. 建筑业面临的挑战

建筑业的发展态势正在发生很大的改变，而这些改变的背后有很强烈的时代背景和特征。

（1）国内外宏观经济形势变化带来的影响。

建筑行业与国民经济息息相关，受外部环境和政策影响很大。2019 年 12 月召开的中央经济工作会议，对国际国内的经济形势做出了科学判断。世界经济仍处在国际金融危机后期的深度调整时期，未来可能呈现“低增长、低通胀、低利率、高负债、高风险”等特点，这意味着世界经济前景不容乐观。

中国经济也同样处在一个转变发展方式、优化经济结构、转换增长动力的关键期，经济下行的压力甚至可能会加大。身处中华民族伟大复兴的战略全局和世界百年未有之大变局这两个大局之中，建筑业面临的国内外环境也会更加错综复杂。

（2）建筑业生产模式的转型压力非常大。

建筑业是劳动密集型产业，生产方式相对传统，体现在产业现代化的程度不高，企业规模化程度偏低，体制、机制、生产方式、创新能力、全球经营等方面都还存在着短板和不足。

另外，我国人口增长率下降与人口老龄化日益严重，劳动人口增速已明显放缓，农村可转换输出的剩余劳动力的数量在下降，建筑业也不可避免地存在招工难，尤其是出现了以缺乏技术工人为主要特征的人员结构性短缺。进城务工人员中，从事建筑业的人数是最多的，但现在很多工地招收农民工非常困难。这就产生了一个新现象，原来工地上是少有女性的，为数不多的女性从业者也多是做一些后勤等相关工作。但是现在，很多的工地上女性工人比例已经非常高了。此外，大规模的建筑工业化、智慧建造、绿色建造，虽然经过多年的探索和发展，但仍处在起步阶段，尚未成熟。面对人工智能、区块链、物联网等新技术引领的新一轮产业革命，建筑业面临的生产模式转型压力巨大。

（3）绿色发展的要求不断提高。

众所周知，传统建筑业也是污染大户，其中建筑垃圾、建筑扬尘和建筑噪声是城市环境污染的重要来源。党的十九大对生态文明提出了一系列的新目标、新要求和新部署。中央环保督察也深入开展工作，各地环保监管和处罚力度加大，对建筑业绿色发展提出了更高的要求。

此外，建筑业资源消耗居高不下。如果将建材生产、建筑施工能耗一并计算，建筑业的总能耗占全球总能耗的比重超过1/3，并产生了全世界8%的碳排放量。所以，建筑业也和钢铁工业一样，面临着降低污染和能耗的任务，亟须加快技术创新，实现绿色发展。

2. 建筑业的发展机遇

（1）从房建市场来看，中央经济工作会提出的要加快城市更新和存量住房改造提升，做好城镇老旧小区改造，这给我们提供了新的发展机会。从各地初步摸排的情况来看，目前全国需要改造的城镇老旧小区涉及居民上亿人，这意味着巨大的市场需求和发展空间。

同时，国家推进先进制造业、现代服务业的高质量发展，工业厂房以及教育、医疗、体育、文化等领域将出现新的增量市场。

未来城镇化进程也仍将为房建市场带来新的发展动力。相关机构预测显示，2030 年城镇化率要达到 70%、城镇人口数量将接近 10 亿人，房屋总建筑面积需求是 800 亿~900 亿平方米。显然，相比当前还是有很大的缺口，房建业务的市场空间仍然比较大。

（2）从基建市场来看，中央强调加快战略性网络型的基础设施建设，推动重大战略性项目的规划实施。市政管网、城市停车场、冷链物流、自然灾害防治等重点领域的重大工程、农村公路水利设施以及国家重大交通工程建设项目，还将持续带来更多的市场机遇；“一带一路”“京津冀一体化”“粤港澳大湾区”等重大战略，也将带来巨大的市场空间。从政策效应上看，特别是近期出台的一系列政策，包括从降低部分基建项目资本金到提前下达的 1 万亿元新增专项债券额度，以及开展为期半年的“疏解治理投资”堵点专项活动、《交通强国建设纲要》等，这些都为基建市场打开了空间，应该说机会依然还是很多的。

（3）从房地产市场来看，中央延续了“房住不炒”的定位和基调，但同时强调了“稳地价、稳房价、稳预期”，重申了楼市调控的大原则，可谓是正本清源之策。从市场预期来看，2019 年中国社科院发布的《城市蓝皮书》认为，未来 10 年城镇化率仍有 10%的提升空间，城镇化依然会为房地产行业提供比较充足的发展动能。从发展方向上看，中央也提出要提高中心城市和城市群综合承载能力，同时加大发展房屋租赁市场，这也就相应地增加了房地产行业的发展机会。

综上，从国家的政策和对房地产行业前景分析来看，未来的发展虽有挑战，但上升的空间还是有的，对于行业来说依然还有发展的机会。

3. 建筑业应该怎么做

新中国成立以后，特别是改革开放以来，建筑业的发展成就是举世瞩目的，但是大而不强也是一个客观现实。如何在变革时期适应和迎接挑战，我们有以下几点想法。

（1）在经营布局上，要做到全球化、区域化。

当前“一带一路”倡议日益深入人心，得到越来越多国家的认同和积极参与，这个新的发展机遇有利于我们进一步运用好国内国际两个市场。随着中国迈向现代化强国，中国的建筑业必然要走向海外，也将会成为一张靓丽的中国名片。所以，包括建筑业在内的一大批中国企业走上国际舞台，这也是一个必然的趋势。走好国际化这条路，包括钢铁业、建筑业都进行了多年的探索，在这个过程中经验教训也都非常多，也倒逼了我们不断发展进步。

20 世纪 70 年代末，建筑业就开始走出国门，当时从劳务干起，干到工程分包，从工程分包干到工程总包，这个过程很艰辛，真正在国际市场挣到钱的公司也并不是特别多，中建集团也经历了从开始挣钱到不挣钱，再到挣钱的过程。

对于中建集团而言，进入国际市场后所获得的管理意识、市场意识和合约意识，都是不小的思想洗礼，也催生和推动了后来的改革发展。中建集团进入国际市场是比较早的，那个时候出国很不容易，我们也向海外派出了不少优秀的同志，这些同志回国后，将在国际市场中学来的经验运用到了国内市场，很快形成了“国内项目、国外打法”的局面，推动我们在国内市场竞争力的不断提升。现在，国内建筑业仍在努力与国际标准和国际做法接轨，像 EPC、PPP 等模式的实践应用，对于推动中国建筑业走出去、提升国际化水平有着重要的意义。

当前，在拓展国际市场的过程中，我们认为困难最大、最难适应的，还是标准问题。中国标准要输出成为国际标准，首先需要我们去了解国际标准。“标准”这个概念似乎还是显得太大，通俗的讲，就是国际通用的做法。比如，在国内，我们把一个产品（建（构）筑物）保质保量地做出来了，基本上也就能够满足业主（客户）的要求了，至于过程中是如何做的，并没有得到充分的重视和深究；但是，走出国门，业主（客户）方往往对过程的要求比对结果的要求更为严格，而这种对过程中的严格要求在合约里是可以明确的。接受这种做法，并能够很好的适应这种做法是不太容易的。由此反观国内建筑市场，这种对过程、结果同样严格要求的做法将是未来发展的必然趋势。所以，走国际化这条路或称为走全球化这条路，对于行业和企业而言，都非常重要。

（2）在业务模式上，要做到一体化。

当前，设计、采购、施工一体化的工程总承包模式，和以 PPP 为代表的投资、建设、运营一体化模式已经成为国际通行的模式，这在客观上要求建筑企业必须要形成一体化的能力。国内很多建筑业企业已经作出了不同程度的探索和尝试，比如，通过电商平台提高大规模集中采购的能力等，这些将对下一步的业务一体化发展起到重要作用。

（3）在生产方式上，要做到智慧化、工业化。

具体讲来，就是要做到智慧建造和工业化建造。智慧建造方面，可以预见，大数据、物联网、人工智能、机器人等数字信息技术，将推动智慧建造快速发展，实现又一次颠覆性的革命。在工业化方面，我们比较关注钢结构应用，我想钢结构应用将为钢铁工业带来更大的发展机遇。在这个方面，中建集团已经做出了积极的研究和探索。当前，我们不仅开设了钢结构博物馆，还建成了自主研发的钢结构住宅样板。下一步，我们期待与钢铁行业、钢铁企业进一步加强交流、深化合作，力争在智慧化、工业化领域取得更大突破。

2020 年是全面建成小康社会和“十三五”规划收官之年，也希望和钢铁企业一道抓住发展机遇，携手共进，为推动国家经济社会发展贡献力量。

点评与互动问答

郑学选同志报告后，何文波同志做简要点评，德龙集团董事长、天津市新天钢钢铁集团有限公司董事长丁立国和陕钢集团党委书记、董事长杨海峰提问，郑学选分别针对两人问题作答。

何文波　点评：

谢谢郑总精彩演讲。建筑行业是我们钢铁行业的命运共同体，刚才的造船、汽车都是，但建筑所占份额非常大，50%以上。钢铁行业对后期市场的判断仰仗于建筑业。郑总给我们介绍了，也谈了看法，尤其谈了挑战，而且谈了机会，特别是最后还谈了国际化问题、钢结构等。中建还在深圳建了钢结构博物馆。我们可以在钢结构博物馆召开上下游的钢结构研讨会。

丁立国　问：

谢谢郑总！我是德龙钢铁的丁立国，感谢您百忙中参会并为大家做了精彩的演讲。我从您的演讲中收获了大量的信息。建筑业与钢铁工业关系紧密，相信钢铁工业与建筑业深化合作、携手发展充满希望。

请问，在当前房地产管控政策背景下，包括中建集团在内的建筑地产企业对2020年发展有何预期？

丁立国提问

郑学选　答：

宏观背景下对行业发展形势进行研判，是企业面临的一个重要课题。结合中建集团的有关情况，我简单谈一点认识。

按照中央相关部署要求以及自身发展实际情况，我们每年都会制订详细的年度计划，明确年度发展指标。多年来，我们的指标都是超额完成的。在刚刚结束的中建集团年度工作会上，我们明确了今年的发展目标和努力方向，对于2020年的发展预期，总的来说，还是比较乐观的。

我们认为，建筑市场虽然面临着各种挑战，但市场发展空间还是打开的。我想，像大家比较关心的房地产领域，行业集中度将会慢慢提高，地产企业在规模、质量、可持续发展等方面将会有更加明显区分。坚决落实“房住不炒”，一定会推动房地产行业稳定、健康地发展。我们对房建、基建、地产市场的前景是有信心的，相信这对钢铁工业的发展也会是一个利好。

杨海峰　问：

我是陕西钢铁集团有限公司的杨海峰。今天非常荣幸听到了四位嘉宾的精彩报告，非常感谢中钢协。今天的报告，非常精彩，非常有质量。陕钢2019年产1100万吨钢，都是靠建筑行业消化掉的。建筑业是钢铁业的展示平台，钢铁给建筑打造了钢筋铁骨。陕钢就是靠建筑业生存的。陕晋川甘地区年产8000万吨建筑钢。我代表陕晋川甘企业提问，如何让钢铁企业特别是建筑钢铁企业和建筑业深度合作？钢结构产业的发展，对钢铁业和建筑业都非常重要。那么将来如何推进这个产业的发展，您有什么建议？

杨海峰提问

郑学选　答：

对于这两个问题，我用两个案例来回答。

案例 1　2018 年前后，南太平洋岛国巴布亚新几内亚，习近平总书记刚去访问这个国家，参加了一个学校的剪彩，这个学校 5 万平方米的占地面积，1 万平方米的建筑面积。这个学校的建设是由广东省牵头，由我们在深圳的钢结构公司（中建科工）做的。这个项目做了前后不到一年，但是它主体部分用的全部是国内的钢结构。这些钢结构不是简单地把钢材运送过去再加工，而是全部加工好、预制好以后，再运过去的。因巴布亚新几内亚环保产业不是很发达，建筑材料也很缺，配套能力也很弱，劳动力也没有。所以，在这样一个市场，我们就把所有的钢结构在国内加工好后运过去，总共只去了 100 来个工人，却提前完成了建筑任务。这个项目在当地的影响也非常好，完全符合环保的要求。整个社会效益都非常好。其实这就是我们和钢铁公司合作的一个典范，整个过程非常顺利。

案例 2　2010 年前后，在一个发达的国家一个著名的城市一条有名的河上，有一座 100 多年历史非常有名的大桥。中建拿到了桥的改造项目。这个合同价值几亿美元。改造过程中有相当一部分钢构件也是从国内采购的。在施工过程中，我们原来希望通过较低的人工成本、较短的工期带动甲方去发挥一些作用。但在施工过程中由于对进出口、标准、检测等方面的因素不了解，进展并不是特别顺利，出了很多意想不到的情况。最后的结果不是特别坏。虽然没有达到预期的目的，但是也基本达到了一些预期的想法。

这两个案例虽然都发生在国外，但是其实是有一个共同的趋势：

第一，建筑业是在钢铁业的下游，是钢铁行业的客户。钢铁行业对于客户的需求、个性化的要求，要有一个非常好的响应和满足。

第二，智慧建造这方面。对这方面我们两个产业都还是有需要提升的空间。一些新的技术，如智慧+方面，对于建筑业发展提出要求的，钢铁行业也应该有响应。

第三，绿色环保这方面。我们认为钢铁行业污染肯定会比建筑业要小。所以，钢铁产业的前景肯定会非常好。钢铁柔性、抗震等对建筑业的影响比较大。所以，我们更希望用好钢，特别是钢结构住宅这方面。在这方面，无论是钢铁制造还是钢铁加工，都应该会有很好的前景，这可能会是建筑业和钢铁业在原有基础上更大的合作空间。

携手合作　共建共享高质量钢铁生态圈

中国宝武钢铁集团党委书记、董事长　陈德荣

非常高兴接受中钢协的邀请，就产业链合作与发展这个题目进行交流。前面三位“上帝”（中国船舶、中国建筑、一汽集团董事长）分别从不同的行业角度给我们做了一个非常精彩的报告，深受启发，很受教育。感谢中钢协组织了这么好的活动，希望以后这样的活动多组织一些，对于我们整个行业长远发展将起到非常积极的作用。利用这个机会我想谈几点体会。

一、以共建共享高质量的产业生态圈重构和谐的产业关系

今天交流的主题是“产业链合作与发展”，是很有意义的一个主题。因为，当今这个时代是开放的互联网时代，谁也不可能搞垄断、吃独食，从而获取垄断收益。当然，谁也不可能把自己封闭起来，

自我保护，从而实现窝里利益。从经济学角度讲，垄断排斥竞争、封闭拒绝合作都必然带来低效率，应该说我们这一代人有这方面的深刻记忆。记得70年代末80年代初，我在上大学的时候，到首钢、鞍钢实习。那个时候，冶金工业部部属的“十大钢”，每一个大钢铁企业也就是几百万吨的年产能，但是都有十几万、二十几万名员工。要是在今天，三五百万吨年产量的钢厂，三五千人就解决问题了。为什么呢？因为那个时候我们搞的是计划经济，做的就是一种封闭体系，“小而全、大而全”，万事不求人，都在自己内部循环解决，从而使整个体系的运作效率都非常低，生态圈、产业链的概念都还没有建立。

上个星期宝武集团“迎春”慰问老干部活动中，有位从鞍钢来的、原来宝钢总厂的副厂长讲到：“当年，在鞍钢机动厂，就是机修动力厂，有多少人呢？30000人！”。我研究生毕业以后到杭州钢铁总厂，杭钢那时候16000人，每年也就是生产40多万吨的钢，人均产钢就20多吨。当年，杭钢还是冶金工业部地方企业当中的一面红旗。记得那个时候我就说过：杭钢除了两个东西——法院、公墓没有，其他从生产厂房到托儿所、幼儿园、小学、中学、大学全部齐全，还包括医院消防等。你想想看，这样的一种封闭体系怎么可能会有效率？

20世纪80年代中期，经济学界和产业界就提出了产业链概念，由此推动了我们进入产业链互动合作和相互博弈的时代，合作和博弈促进了开放和竞争。

在当今这个互联网时代，如果我们还停留在产业链这个概念层面上，那是远远不够的。习近平总书记说，“当前中国处于近代以来最好的发展时期，世界处于百年未有之大变局”。中华民族伟大复兴这个大变局已经深刻地影响了世界，这当中既有中国崛起的因素，又有5G、大数据、互联网等为代表的现代信息技术相继进入人们生产与生活等各个领域，以及社会形态和企业组织方式的巨大变化等原因。所以，产业链这个与工业文明相对应的概念已经不能够概括和调节当今信息化时代不同企业之间的关系了。应该说，现在企业之间的关系错综复杂，不要说是产业链，连过去我们在企业管理当中所提出来的矩阵式、网络化等这些概念也都不足以来形容和概括我们的经济组织形态。我个人认为最好的概念，也就是产业生态圈。今天，必须要以产业生态圈来重新构建和谐产业和企业之间的关系。

1. 产业生态圈

产业生态圈的概念是从生物生态圈演变而来的，如非洲动物世界、亚马逊原始森林、海底世界等。产业生态圈就是商业活动的各利益相关者通过共同建立 ·个价值平台，以产业相关联的组织或个体相互作用为基础，为用户提供产品和服务的产业联合体。应该说，在产业生态圈当中竞争性依然存在，还是有“你死我活，大鱼吃小鱼的丛林法则”。但是，更多是强化了彼此间的联动性、共赢性和整体发展的持续性。

一个工厂的废弃物可能成为另一个工厂的原料；钢铁贸易服务环节，物流仓储体系就可能为银行提供质押等信用支撑，包括我们日常交易生活行为，通过大数据分析，为我们新的商业模式提供了支撑和商业的资源。因此，这种共赢性和可持续性是我们整个行业发展的主流。

2. 产业生态圈的架构基础是现代信息技术

人类发明了互联网，实现了万物互联。从消费互联网到工业互联网，极大地颠覆和改变了我们的生活方式和商业模式，也深刻地影响着人们的思维方式。产业生态圈概念是由互联网企业提出并构建实施的，因为产业生态圈的基础就是以互联网为基础的现代信息技术，所以互联网巨头具有构建产业生态圈得天独厚的优势。例如，阿里巴巴成功构建了交易型商业生态圈，腾讯成功构建了社交型商业生态圈。

3. 产业生态圈相对于产业链的优势

第一，产业链是单向性的，而产业生态圈是一个自我循环的系统，生态圈各成员之间都是平等的。

第二，产业链是有边界的，是模糊封闭一维的，而产业生态圈是多维的，因而是无边界开放的公开透明系统。

第三，产业链的价值是恒定的，各伙伴之间占有价值的关系此消彼长，而产业生态圈的价值是增值的，一方价值的增长未必是损害伙伴利益实现的。互联网有个说法，即“羊毛出在牛身上，猪买单!”

第四，产业链协同的效率要远低于产业生态圈的协同效率。因为，产业链协同更多仍然采用传统技术手段，而产业生态圈协同更注重依赖高科技铸成的基础设施。

第五，产业链具有排他性，而产业生态圈具有共享性。

二、中国宝武致力于打造高质量钢铁生态圈

中国宝武以成为全球钢铁业的引领者为愿景，致力于打造高质量的钢铁产业生态圈。

1. 钢铁产业生态圈

钢铁产业生态圈就是围绕钢铁产业领域的制造、交易、物流、原燃料、金融、数据、技术等核心环节，所有业务关联方共同参与打造的集多功能于一体、为用户提供高效、敏捷、安全的产品和服务的产业生态系统。钢铁生态圈以“智慧制造+智慧服务”两轮驱动，着力打造“大制造、大交易、大物流、大原料、大金融、大数据、大技术和大园区”八大业务体系，具有“开放共享”“连接协同”“智慧敏捷”和“创新迭代”的特征。中国宝武定位于钢铁生态圈的创立者、价值观的守护者、基础设施的搭建者。这也与何文波书记当年在宝钢提出的“从钢铁到材料，从制造到服务，从中国到全球”三大转型的观点相契合。产业生态圈就是从制造到服务转型的具体的路径和实现的平台。

我们以“一基五元”产业组合体系搭建钢铁生态圈的骨架，“一基五元”就像一只手，钢铁制造业就是手掌，五元业务就是长在手掌上的五根手指，没有手掌手指就无法依附，反过来手指缺失，手掌的功能就受限，所以“一基五元”都是中国宝武的主业，打造钢铁生态圈就是聚焦主责主业。在确定钢铁生态圈的骨架以后，中国宝武将着力于钢铁产业生态圈基础设施的搭建，然后将整个钢铁行业及利益相关者引入生态圈平台，共建共享。

在五年前的产业互联网经济蓬勃发展之时，我们打造了欧冶云商。我也跟很多企业做过路演，当时就提出来，为了使即将新生的企业避免与宝武其他企业相同的模式与定位，减少矛盾冲突，我们创建的这个品牌叫欧冶，刻意淡化宝武的印痕，以营造这是一家“开放共享”企业的氛围。为什么叫欧冶呢？因为欧冶是春秋时期中国古代炼铁业的鼻祖，就像木工行业的鲁班一样。我们希望通过欧冶云商这个平台，构建行业共享服务体系。

2. 中国宝武为什么要建设钢铁生态圈

（1）贯彻落实习近平总书记新发展理念的要求。

习近平总书记在2016年1月省部级主要领导干部学习贯彻十八届五中全会精神专题研讨班开班式上深刻阐述了新发展理念的内涵，中国宝武的企业使命是“共建高质量钢铁生态圈”，正是贯彻“创新、协调、绿色、开放、共享”五大新发展理念的具体体现。

（2）中国宝武实现全球行业引领的要求。

过去，按照工业文明和资本主义的商业逻辑，企业之间就是你死我活、大鱼吃小鱼的关系。但我觉得中国宝武在互联网文明时代，与同行不是“冤家”，而是合作伙伴。中国宝武的企业愿景是“成为全球钢铁业的引领者”，引领者不是“独行侠”，而是产业生态圈的构建者、贡献者和价值创造者。要走得快，就一个人走，而要走得远就得大家一起走，中国宝武就是要做“一起走”的带路人。

（3）中国宝武践行企业核心价值观的要求。

中国宝武的核心价值观是“诚信、创新、协同、共享”。我们认为在产业生态圈下中国宝武没有竞争对手，只有合作伙伴。心中无敌则天下无敌，天下无敌则天下皆友。我们的价值观与新发展理念是一脉相承的，诚信是基石，也是钢铁生态圈的信用基础。

（4）中国宝武顺应产业发展趋势的要求。

中国钢铁行业已进入长周期减量化调整期，钢铁需求趋于饱和，产能过剩下难有大的扩张空间。从长远来看，未来钢铁需求可能腰斩，钢铁业将会进入到长期去产能微利时代，减量化兼并重组将是领头企业未来发展的可行路径。与此同时，钢铁企业将普遍在钢铁产业生态圈范围内拓展新机会，从服务挖掘价值，依托产业生态圈解决行业痛点。

3. 中国宝武构建钢铁生态圈的优势

中国宝武具有构建钢铁生态圈的显著优势，我们有信心未来将成为产业互联网领域的阿里巴巴。目前，整个中国钢铁行业营收超过4万亿元，中国宝武仅占10%多一点，钢铁生态圈体量是单纯的钢铁产业体量的十几倍以上，发展空间广阔。中国宝武推进钢铁产业生态圈的构建具有以下明显优势：一是“弯弓搭箭”布局的亿吨级钢铁制造的强大体系能力。二是日趋成熟和完善的第三方平台（欧冶云商）运营模式与经验。三是具有最专业的工业领域新一代信息技术的集成与服务能力。四是具有丰富领先的钢铁专业技术服务能力。五是具备牌照齐全的产业金融综合服务能力。六是具有国有资本投资公司多样化的金融资产、产业资本及金融技术服务能力、投融资能力与资本运作工具。

三、携手共建共享钢铁生态圈的设想与建议

生态圈的构建需要一些基本框架和远景目标，目的就是为了吸引生态圈所有成员共建共享，打造和谐的产业生态关系，实现互利共赢，推动钢铁与相关行业共同发展。为此提如下一些建议。

1. 与上游原燃料行业：共同参与原燃料产业投资，减少博弈，稳定供需

矿石与钢铁是典型的钢铁产业链上的两个环节。过去，我们虽

然强调产业链要和谐，但矿石与钢铁两大行业的博弈还是有增无减，不和谐的杂音充斥其间。钢铁和矿石企业为了在博弈中增加筹码取得优势，前者纷纷参与矿业投资（大多输得很惨），后者改变定价方式引入金融属性，两大行业都没有在过度的博弈中获得多大好处，反而增加了很多博弈成本。

未来在钢铁产业生态圈的平台上，两大行业要摒弃单赢思维，尊重产业分工。钢铁企业要合理参与铁矿石资源的投资，不要过于追求激进的资源控制比重，矿山企业要给钢铁企业稳定的供应保障预期和合理的价格协商机制，减少下游行业在供给保障和成本价格方面的焦虑，尊重下游行业在计价和结算方式方面的选择。我们欢迎具有丰富矿山运营经验的矿业公司与中国钢铁企业共同投资开发铁矿石项目。

最近，宝武在研究全球一个非常好的标的物，我们想和我们行业内的几大企业，按照进口铁矿石的比例，组建一个基金，由宝武来牵头，可以通过国开行、国家发改委等共同开发。按照我们的测算，大概也就四十几美元到岸价。所以，如果他们打压，我也不怕，如果低于 50 美元，我们就各家按比例分矿，如果高于 50 美元，我们各家按比例来分钱。利益上，有福同享、有难同当，形成我们整个生态圈利益共同体。

2. 与上游装备制造行业：探索建立利益共同体

装备制造行业是钢铁行业的紧密合作伙伴，与原料供应不同，装备供应不像原料供应那样具有连续性、长期性，它的特点是一次性和间断性，所以钢铁装备制造商最希望钢铁企业不断地更新改造，不断搞基本建设，甚至希望你的装备早点出故障报废。现在美国 GE

公司提供的航空发动机不是按“个”一次性出售产品，而是按照飞行时间向用户收取服务费。我们的钢铁装备制造商也应该改变按“套”出售产品的模式，可尝试按装备产出量收取“服务”费，这样就能有效减少双方之间的博弈，形成利益共同体。中国宝武按照生态圈建设的要求，组建了装备智能运维公司，生产制造的实时数据（包括设备运营状态数据）可与装备制造商互联互通，我们可以共建第三方设备智能运维平台，与装备供应商实现合作共赢。

3. 与金融、物流、贸易等行业：签订战略合作协议，形成稳定伙伴关系

金融、物流和贸易（尤其是钢贸）等行业的相关企业是钢铁生态圈重要成员，同时也是生态圈基础设施的组成部分。从金融角度来说，一方面金融机构害怕坏账呆账，出于谨慎原则有钱不敢贷，另一方面，钢企尤其是中小型民营钢企想贷款却贷不到。从物流角度来说，一方面大量社会物流企业业务承接量不足，另一方面大量钢企自建物流体系产能同样闲置。从钢贸角度来说，一方面大量钢贸企业倒闭，另一方面钢铁企业大量推广直供、广建营销网络，造成营销成本上升，对中小微用户的服务质量下降。这些矛盾和问题缘于彼此之间的信息不对称和缺乏互信。中国宝武通过“控制、外包、合作”，从管理好自身所拥有的资源到管理好“外部资源”，充分利用钢铁生态圈透明、开放的特征与圈内成员之间信息共享与协同，实现竞争对手与合作伙伴身份交织。我们希望通过签订战略合作协议，与更多的金融机构、物流企业和贸易企业结成战略伙伴关系，稳定合作预期，实现互利共赢。

4. 与钢铁产业同行：形成合理的分工，追求极致的专业化

要尊重并发挥每一个钢铁企业的比较优势。尺有所短、寸有所长，任何一个企业的存在和发展都有其内在的商业逻辑。在当今互联网时代中，不应该是大鱼吃小鱼、你死我活的纯丛林生态法则，而应该是合作共赢。

过去，我们消除过度竞争的主要手段就是通过并购重组减少企业数量。我们国家的汽车厂周边会同时出现多家钢厂投资的加工配送中心，这种同行间的无序竞争造成了中国钢厂产业结构、产品结构的雷同，个性化有特色的钢厂不多，重复建设和投资造成了严重的浪费。在钢铁产业生态圈背景下，消除同业竞争不一定要通过并购，可以按照各企业的比较优势进行合理分工，做到极致的专业化，从而实现极致的高效率。

5. 与下游行业：不断满足用户需求变化，助力下游行业转型

今天，因为一汽、中船和中建集团的领导都在现场，所以我着重就与这三大下游行业共建产业生态圈问题谈一点设想。

（1）加强在新能源汽车领域的合作，助推汽车行业转型升级。

中国汽车销量已经连续两年出现了负增长，行业进入寒冬。从生态圈的角度，钢铁行业有责任有义务协助汽车行业尽快走出困境。汽车行业能否走出困境在于能否顺利实现向绿色智能化转型，这就要解决两大问题：一是汽车的轻量化节能，汽车轻量化钢材、新型轻金属材料助力汽车的节能化。二是新能源车的续航能力，在电工钢、清洁能源、电池材料等方面助力汽车电动化。前者要求我们汽车板的研发能力要进一步跟上，后者要求我们的电工钢进一步提高性能。

对中国宝武来说，汽车板和电工钢都是我们的优势核心产品，所以中国宝武责无旁贷。中国宝武正在加大力度研发新一代高强轻量化汽车用钢，同时我们也开始涉足镁铝等轻金属材料制造领域，为汽车行业量身打造轻量化新材料，将钢铁生态圈拓展到更广的材料领域。

（2）加强与造船行业的深度合作，推动中国海洋经济的发展。

中国正在由传统的陆权时代走向海权时代，海权时代需要海洋用钢的支撑。中国的常规运输船舶建造能力已经达到了较高的水平，但在特种船舶制造领域、在海上平台建设等方面仍然与海洋强国有较大差距，这其中海洋用钢领域的瓶颈是一个很大的制约因素。近年来中国宝武与船企在“极寒与超低温船舶用钢”“液化石油气船用低温钢”“超大集装箱船用止裂钢”“极地破冰船用低温钢”“深海科考船用钢”等特种船舶用钢方面的研发合作卓有成效，但尚不足以支撑海洋强国的要求。我们要更加主动地承担国家使命，要与中船等企业一道加强研发投入，联合开发高性能海洋用钢，提高产品质量，优化和降低供应链成本，助力船舶工业转型升级。

（3）加强与建筑行业的深度合作，推广绿色环保建材。

中国被称为“全球基建狂魔”，建筑用钢始终占据绝对的消费份额。传统钢筋混凝土建筑产生大量无法化解的建筑垃圾，对环境造成了极大危害，而推广绿色环保和可循环利用的新型建筑是未来趋势。装配式钢结构建筑具有节能环保、安装简便、循环利用的诸多优势。另外，随着不锈钢冶炼技术的进步，低成本不锈钢的应用更加普及，可广泛应用于建筑的外立面，解决美观问题。中国宝武愿与中建集团等领先建筑企业一起，合作开发和推广性能更优、成本更低的绿色建筑用钢，这有利于拓展钢铁的使用领域，延长钢铁材料的生命周期，对建筑行业也是一场深刻变革。下一步我们要加强与包括中建集团在内的国内领先大型建筑企业的合作，加大对建筑钢材领域的研发投入，完善产品结构，跟踪重点项目，先期介入提供一揽子解决方案。

此外，我们还可在国际化领域，在资本与股权领域，深化与上下游行业的协同，共建共享产业生态圈。

2020 年是中国实现两个“一百年”奋斗目标中第一个百年目标的重要节点年份，这一年也是中国近代钢铁诞生 130 周年纪念年份，这一年也将迎来中国宝武亿吨规模的荣光时刻。

大家都知道宝钢是 1978 年打桩的，但是今天的中国宝武是由各个不同的钢厂联合而成的。最早可追溯到 1890 年张之洞的汉阳铁厂、李鸿章的江南制造局炼钢厂，中国近现代钢铁工业在武汉、上海起步。1937 年因为抗战，国民政府把上海的炼钢厂、武汉的汉阳铁厂，通过长江搬到了重庆，这就是今天重钢的前身。2019 年，中国宝武实质控制重钢。所以，我们的历史由此往前追溯了。

从 1890 年到 2020 年共有 130 年。1950 年，王震将军在乌鲁木齐建立了八钢，是 2007 年进入宝钢系的；1953 年，华东军管局建立了马钢铁厂，1958 年建设了马鞍山钢铁公司，以及武汉钢铁公司。1958 年 9 月 13 日，毛泽东同志去看了武钢 1 号高炉的出铁，同年建设了上钢五厂。1960 年，中央批准建立了韶钢。梅钢是 20 世纪 70 年代建设的。到了 1978 年，十一届三中全会闭幕的第 2 天，宝钢工程打桩开始建设。

到 20 世纪 90 年代末，宝钢与上海冶金、梅山的三钢联合，武钢跟武汉地区冶金局的联合，以及我们21世纪跟八钢这些钢厂的联合。一直到21世纪10年代，我们建设了湛江钢铁。所以，中国宝武像万里长江一样，都是由涓涓细流汇聚而成。从重庆的嘉陵江，武汉的汉水，到南京的秦淮河，再到上海的黄浦江。万里长江是由这一系列的支流汇聚而成，浩浩荡荡东流入海。中国宝武也和万里长江一样，由中国近现代钢铁发展史上诸多具有标志性印记的企业联合而成。一部中国宝武的发展史就是近现代中国钢铁工业的发展史，也是近现代中华民族伟大复兴的历史。

一个企业从联合到整合、融合非常难。宝钢是85915、武钢是58913、马钢是58916建成投产的，各家都有各自的文化、历史。所以，中国宝武的每一个企业，虽然处在不同的历史方位，但是他们有一个共同的未来，那就是为中华民族的伟大复兴，为成为全球钢铁业的引领者而共同奋斗、共同努力。

在去过剩产能过程中我们钢铁行业仍要有自信，因为钢铁产能过剩，钢铁卖到了白菜价，甚至还不如白菜价。我们千里迢迢从万里之遥的巴西和澳大利亚把矿石运到祖国大陆，到港以后先晒粉平铺，再混矿配矿，然后烧结、焦化、炼铁、转炉炼钢、连铸炉外精炼、热轧、冷轧，搞了半天才两块多钱一斤，这是值得我们深深思考并要尽快扭转的问题。但是，从另一个角度来说，这恰恰是我们这个行业对国家重大的贡献。当年，中国在缺粮少钢的时候，毛主席曾说，一个钢铁，一个粮食，有了这两样，就什么都好办了，所以我们有“以钢为纲”的传统，历代党和国家领导人对钢铁产业高度重视。通过几代人的努力，我们把一个非常短缺的行业干成一个庞大的过剩行业，这是我们这一代人的光荣，我们应该感到骄傲。

今天，中国以空前的10亿吨钢的年产量，占全球钢铁产量54%的份额。我在想，中华民族的伟大复兴一定会在21世纪实现。因为历史反复证明，一个占全球钢产量一半以上的国家，一定是全球最强大的国家，这个世纪也会成为以这个国家命名的世纪。在构建钢铁产业生态圈中，中国宝武要成为名副其实的镇国之宝，以助力中华民族的伟大复兴。

点评与互动问答

陈德荣同志报告后，何文波同志做简要点评，冶金报记者提问，陈德荣对这个问题作答。

何文波　点评：

非常感谢陈董事长！内容非常丰富，非常精彩的演讲给我们展示了钢铁业的全景。特别是宝武现代的、面向全球的、面向未来的新理念，以及优秀的脚踏实地的实践。宝武1亿吨的目标即将实现，产量世界第一。我们中国应该有这样的企业。我为宝武感到骄傲。我是宝钢人，当时也有这个梦想，让宝钢成为世界上最好的钢铁公司，而且那个时候就说这个目标并不遥远。现在，这个梦想在你手里实现了，向你表示敬意。演讲赢得了很多掌声，说明大家是相通的，中国钢铁是有未来的。

冶金报记者何惠平　问：

我们知道2019年中国宝武在智慧制造方面成绩斐然，在刚刚揭晓的中国智能制造排行榜Top100榜单上，中国宝武位列第16，是唯一入选的钢铁企业。新年伊始，中国宝武又在武汉地区召开了一个绿色发展与智慧制造的现场会。请问一下陈董事长，从智能制造到智慧制造这样一个转变，体现了中国智能制造排行榜Top100榜单中宝武有哪些理念转变？同时，也请您介绍一下，中国宝武在智慧制造方面取得了哪些成功经验？未来中国钢铁工业的智慧制造之路，怎样才能行稳致远？

冶金报记者何惠平提问

陈德荣　答：

谢谢！好问题。谢谢你的提问。我个人认为钢铁制造业是我们所有的制造业当中流程最长的，生产制造的环境条件在流程性工业当中是最复杂的，要求也是最高的。与其他的行业相比，例如：化工业、造纸业，钢铁制造的流程最长、环境最复杂、条件最恶劣——从-160多摄氏度的超低温，到2200摄氏度风口区的超高温；

从氧化气氛到还原气氛，以及粉尘的、固体的、液体的各种物理形态。

所以在互联网的今天，如果不依靠智慧之道、最前沿的技术，我们很难改变在人们心目当中钢铁工业就是“傻大黑粗、汗流浃背、烟熏火燎”的代名词。最近，我把我们的宣传部门狠狠教训了一顿，因为他们为了追求艺术家要的摄影效果，明明我们的工人在生产现场已经脸上没有油污了，还要叫人家在脸上抹一点，这已经不是当代中国钢铁工人的形象了。

其实，通过智慧制造，我们可以解决整个制造过程当中一些复杂性问题。智慧制造是一种系统性的、整体性的工程，宝武在做智慧制造过程当中一个最基本的经验，就是要从最基础的自动化、信息化做起，打牢整个智慧制造的基础。“千里之行始于足下”，所以，中国宝武在智慧制造过程当中，提出“4 个一律”，即所有的操作室一律集中搬离现场，所有现场操作的岗位一律用机器人，所有的设备一律远程来监测，所有的服务一律上线，从而减少人为干预。我们提出来“4 个一律”，就是通过极致的自动化、智能化来实现我们智慧制造的基础工作。通过一年多的实践，应该说我们还是感觉这条路应该非常值得走下去，这对我国传统的钢铁工业来说，尤其重要。

目前，日本人已经达到了年人均产钢 2000 吨，韩国已经到了 2300 多吨，沙钢也到了 1500 吨。但是，我们国有企业，现在年人均产钢大多只有 600~700 吨。如果我们还是停留在这个水平，怎么能够提高竞争力？现在民营企业都已超过了这个水平。因此，我现在最大的压力不是主要来自日铁、浦项这些国际主流钢铁企业，我的压力更多是来自于丁立国、张志祥这样的国内著名民营钢铁企业家。

对我们来讲压力山大啊！为什么？因为，我们即便比日本人年人均少产1000吨钢，但是我们的人工成本只有日本人的1/5～1/3。可是，民营钢铁企业一个人可以干两个人的活儿，这是我们国营企业无法比拟的。所以，我们在企业里就提出来智慧制造，用机器帮助我们。因为，现在已经进入到了这样的一个时代，用机器替我们人来工作，让我们的工人以后就拿着操控器工作，即使在欧洲度假也能够遥控操作高炉，如果达到这种程度那才是生产、生活、生态三生融合，幸福炼钢。

何文波　点评：

再次报以热烈掌声。我们要向宝武致敬，向我们的董事长致敬。这是钢铁业的领袖、领袖级企业，而且正在成为应该说是世界级的领袖。这是我们中国人的梦想，中华民族伟大复兴的梦想。我们钢铁业应该走在前面。谢谢陈董事长！

陈董事长刚才说，很赞成协会这种举办会议的方式，表扬了协会，我听了特别高兴。所以，以后我们协会还要继续做好这件事，为钢铁企业服务。

陈总等各位领导刚才提到的事情，我们一定会尽最大努力办好。其实还有很多人要提问，因为时间关系，我们就不再提问。我们以后可以在上海、广东湛江开一次专题交流会，大家好好交流一下。我很想去了解宝武的智能化发展，非常了不起。谢谢宝武！

专题报告会主持人致谢

何文波：

今天，钢协六届一次会员大会的主要日程都完成了。作为唇齿相依、休戚与共的上下游合作伙伴，中国钢铁愿与汽车、造船、建筑等企业和行业切实强化交流与合作，共同打造互利共赢、健康发展、长期繁荣的产业链，推动制造强国战略实施和“两个一百年”奋斗目标早日实现，为世界经济和人类社会更可持续的美好未来做出应有的贡献！谢谢大家，期待着今年7月再次相聚。

大会重要文件

DAHUI ZHONGYAO WENJIAN

中国钢铁工业协会六届一次会员大会主席团名单

（按姓氏笔画排序）

主席： 高祥明

成员： 丁立国　于　勇　李利剑　李新创　何文波
沈　彬　迟京东　张少明　张兆祥　张功焰
张志祥　陈继壮　陈德荣　屈秀丽　骆铁军
侯　军　钱　刚　谭成旭　徐思伟　高祥明
曹志强　魏栓师

关于《中国钢铁工业协会章程（修正案）》的说明

一、《章程》修正的必要性

《章程》是协会开展活动的行为准则，是协会依法依规开展各项工作的基本遵循，《章程》修正是本次会议的一项重要内容。现《中国钢铁工业协会章程》是2015年第五次会员大会作出修正的，期间根据有关部门要求，又作补充修正。第五届理事会在这五年间，认真遵循章程规定，积极开展各项活动，在促进行业改革发展方面发挥了重要作用。

现《章程》修正的必要性在于：根据党的十九大、十九届四中全会精要要求，行业协会建设要落实党中央在推进国家治理体系和治理能力现代化方面提出的任务；钢铁行业所处国际国内环境已发生深刻变化，进一步深化供给侧结构性改革、促进钢铁工业的高质量发展任务更加紧迫，对行业协会工作提出了更高的要求；钢协作为国资委第二批试点与行政机关脱钩的全国性商协会，脱钩改革工作已经基本完成；近年来政府有关部门就加强对行业协会的管理，促进其健康发展等方面出台了许多政策规定。此外，这里特别需要解释说明的是，2016年民政部出台了适用于已脱钩和直接登记的商协会的《全国性行业协会商会章程示范文本（试行）》，要求符合条件的要按照示范文本要求，对现行章程进行修正。

此次章程修正就是在上述背景下进行的。会前，我们已经将《章程》修正情况的说明及《章程（修正案)》印发给第五届理事会理事，并通过钢协网向全体会员征求意见，现正式提交会员大会审议。会后，我们将尽快将章程修正情况说明和修改后的《章程（修正案)》提交国资委协会党建局审核。

二、关于《章程》修正的基本情况

这次《章程》修正的内容比较多，这里仅就一些重点作说明。

（一）《章程》修正总体情况

按照民政部章程示范文本要求，这次《章程》修正的幅度是比较大的。具体体现在内容细化，章节增加，篇幅增多三个方面。原《章程》共八章五十条，修正后的《章程》共九章八十三条，增加了三十三条；原《章程》第四章“组织机构”部分，修正后内容增加，分为七节；原《章程》共计5200多字，修正后为8700多字。

（二）突出了完善协会治理结构方面的内容

第一，在第四章组织机构内容方面，把原《章程》的相关规定，按节分为第一节会员大会，第二节理事会，第三节常务理事会，第四节负责人，第六节分支机构，同时增加第五节监事会，第七节内部管理制度和矛盾解决机制等内容。第二，对会员大会、理事会、常务理事会、负责人的产生、权利、义务等作了更加明确、细致的规定。第三，为完善钢协治理结构，修正后的《章程》增加设立监事会的规定，并且明确了监事会的职权。

三、关于《章程》修正的主要内容

由于这次修正涉及的内容非常多，多达 67 处，这里不一一列举。仅就《章程》总则部分修改内容作简要说明。

（一）将原《章程》“不断提高我国钢铁工业在国内外市场竞争力，促进钢铁工业科学发展，为建设钢铁强国而努力奋斗。”修正为：“本会以致力于中国钢铁业健康发展和永续繁荣为目标，积极促进中国钢铁业的高质量发展，为建设钢铁强国而努力奋斗。”

（二）修正后的第三条增加了“本会根据中国共产党章程的规定，设立中国共产党的组织，开展党的活动，为党组织的活动提供必要条件。承担保证政治方向、团结凝聚群众、推动事业发展、建设先进文化、服务人才成长、加强自身建设等职责。”等内容。

（三）将原《章程》第四条“本会的登记管理机关是民政部，党建领导机关是国务院国资委党委。”内容列入经修正后《章程》第三条。

此外，《章程》第四章组织机构是这次修正的重点。原《章程》这部分共计 20 条，修正后这部分内容细分为七节，共计 45 条。如关于协会设“执行会长（常务副会长）1 名”列入第三十六条。由于修正和新增加的内容也非常多，时间关系，这里不再一一说明。

中国钢铁工业协会
2020 年 1 月 11 日

中国钢铁工业协会章程（修正案）

（2020年1月修正，提交中国钢铁工业协会
六届一次会员大会表决通过）

第一章　总　　则

第一条　中国钢铁工业协会（以下简称本会，英文译名为CHINA IRON & STEEL ASSOCIATION，缩写为CISA）是由中国钢铁行业的企业、事业单位、社团组织和个人为会员自愿结成的全国性、行业性社会团体，是非营利性社会组织。

本会会员分布和活动地域为全国。

第二条　本会的宗旨是：以党的路线、方针、政策为指导，坚持依靠会员办协会的工作方针，代表会员利益，维护会员的合法权益。努力为会员服务、为行业服务，坚持提供服务、反映诉求，依法依规开展活动，努力发挥在政府和会员之间的桥梁、纽带作用。加强本会自身建设，培养造就一支高素质、精干的职业化、专业化队伍，努力把本会建设成国内有威信、国际有影响的行业组织。本会以致力于中国钢铁行业的健康发展和永续繁荣为目标，积极促进中国钢铁工业的高质量发展，为建设钢铁强国而努力奋斗。

本会遵守宪法、法律、法规和国家政策，践行社会主义核心价值观，遵守社会道德风尚，自觉加强诚信自律建设。

第三条 本会根据中国共产党章程的规定，设立中国共产党的组织，开展党的活动，为党组织的活动提供必要条件。承担保证政治方向、团结凝聚群众、推动事业发展、建设先进文化、服务人才成长、加强自身建设等职责。

本会的登记管理机关是民政部，党建领导机关是国务院国资委党委。

本会接受登记管理机关、党建领导机关、有关行业管理部门的业务指导和监督管理。

第四条 本会负责人包括会长、副会长、秘书长。

第五条 本会的住所设在北京市。

第二章 业务范围

第六条 本会的业务范围：

（一）根据国家有关政策法规，结合行业特点，制定行规行约，建立自律机制，不断规范企业行为。在贯彻国家钢铁产业发展政策，促进行业结构调整、淘汰落后，推进技术进步，坚持绿色发展理念、促进节能环保水平提升，开拓市场，维护市场秩序，促进公平竞争，提高行业运行质量等方面，发挥行业组织的作用，维护行业整体利益和会员合法权益。

（二）开展行业调查研究，参与拟定行业发展规划、产业政策法规等工作，为政府加强宏观调控和管理提出咨询建议，向政府反映企业诉求、争取政策支持。

（三）组织收集、整理、分级发布国内外钢铁行业市场状况和经营管理、经济技术等信息。监测行业运行态势，对会员单位的经营管理、发展战略及经济技术指标进行调研、分析、评价，提供咨询服务。总结、宣传、推广先进典型经验。

（四）经政府部门批准或授权参与制修订行业有关标准、规范，组织推进贯彻实施。对不符合标准的产品和企业，配合政府部门进行督促整改。

（五）受政府部门委托参与重大投资、改造、开发项目的先进性、经济性和可行性前期论证。推动科技创新、管理创新与产品开发，组织行业共性技术开发和科技成果的推广应用。

（六）组织有关业务培训，研究制订有关技能、职称评定标准与考核办法，组织开展钢铁行业职业技能竞赛，提高职工的专业和技术素质。

（七）代表中国钢铁行业开展国际交流与合作，保持与国际钢铁同业组织和企业的联系，开展协商对话。

（八）根据国家授权开展钢铁行业统计、调查、分析和上报等工作。代表或组织企业开展反倾销、反补贴、保障措施调查相关工作，开展企业进口铁矿石和钢铁产品进出口自律工作。按国家授予的部分外事权开展外事管理，承担引进国外智力有关工作，受政府有关部门委托或根据市场行业发展需要组织国际国内展览。

（九）做好本会自身建设和管理工作；做好国资委委托的有关工作。

（十）承担政府交办的其他事项，接受会员和社会的委托，提供专项服务。

业务范围中属于法律法规规章规定须经批准的事项，依法经批准后开展。

第三章　会　　员

第七条　本会的会员为单位会员和个人会员。

第八条　拥护本会章程，符合下列条件的，可以自愿申请加入本会：

（一）遵守本会章程和行规行约、按规定缴纳会费；

（二）单位会员应符合国家产业政策的要求，在钢铁及相关领域内具有一定的生产、经营规模或影响，符合本会入会基本条件；

（三）个人会员要在本会的业务领域内具有一定的影响和作用。

第九条　会员入会的程序是：

（一）提交入会申请书，个人会员入会需经所在单位同意；

（二）单位会员还应提交有关证明材料，包括：

1. 法人证书；

2. 单位基本情况；

3. 钢铁生产企业还需提供政府相关批准文件等；

（三）经理事会或常务理事会讨论通过；

（四）由本会颁发会员证，并予以公告。

第十条　会员享有下列权利：

（一）选举权、被选举权和表决权；

（二）对本会工作的知情权、建议权和监督权；

（三）参加本会活动并获得本会服务的优先权；

（四）享受本会在参加会议，获取信息、资料，承担有关业务、项目，获得有关生产保障、进出口等方面服务，进行有关评审和推荐等方面的优先优惠服务；

（五）退会自由。

第十一条 会员履行下列义务：

（一）遵守本会的章程和各项规定；

（二）执行本会的决议；

（三）按规定交纳会费；

（四）维护本会的合法权益；

（五）向本会反映情况，提供有关资料。

第十二条 会员如有违反法律法规和违反本章程、本会行规行约的行为，经会长办公会讨论，理事会或者常务理事会表决通过，给予下列处分：

（一）警告；

（二）通报批评；

（三）暂停行使会员权利；

（四）除名。

第十三条 会员退会须书面通知本会并交回会员证。

第十四条 会员有下列情形之一的，自动丧失会员资格：

（一）2 年不按规定交纳会费；

（二）连续 2 年不按要求参加本会活动；

（三）不再符合会员条件；

（四）丧失民事行为能力；

（五）个人会员被剥夺政治权利。

第十五条 会员退会、自动丧失会员资格或者被除名后，其在本会相应的职务、权利、义务自行终止。

第十六条 本会置备会员名册，对会员情况进行记载。会员情况发生变动时，应及时修改会员名册，并向会员公告。

第四章　组织机构

第一节　会员大会

第十七条　会员大会是本会的最高权力机构，其职权是：

（一）制定和修改章程；

（二）决定本会的工作目标和发展规划；

（三）制定和修改理事、常务理事、负责人产生办法，报党建领导机关备案；

（四）选举和罢免理事、监事；

（五）制定和修改会费标准；

（六）审议理事会的工作报告和财务报告；

（七）决定名誉职务的设立；

（八）审议监事会的工作报告；

（九）决定名称变更事宜；

（十）决定终止事宜；

（十一）决定其他重大事宜。

第十八条　会员大会每年召开 1 次。本会召开会员大会，须提前 15 日通知会员。

会员大会应当采用现场表决方式。

第十九条　经理事会或者本会 50%以上的会员提议，应当召开临时会员大会。

临时会员大会由会长主持。会长不主持或不能主持的，由理事会或提议会员推举本会一名负责人主持。

第二十条 会员大会须有2/3以上的会员出席方能召开，决议事项符合下列条件方能生效：

（一）制定和修改章程，决定本会终止，须经到会会员2/3以上表决通过；

（二）选举理事，当选理事得票数不得低于到会会员的1/2；罢免理事，须经到会会员1/2以上投票通过；

（三）制定或修改会费标准，须经到会会员1/2以上无记名投票方式表决；

（四）其他决议，须经到会会员1/2以上表决通过。

第二节 理 事 会

第二十一条 理事会是会员大会的执行机构，在会员大会闭会期间领导本会开展工作，对会员大会负责。

理事人数最多不得超过230人，不能来自同一会员单位。

本会理事应当符合以下条件：

（一）在本会会员中具有代表性和一定影响力；

（二）能正常行使会员权利、履行会员义务；

（三）支持本会工作，积极参加本会组织开展的活动；

（四）会员大会要求的其他条件。

第二十二条 理事的选举和罢免：

（一）理事会换届，应当在会员大会召开前6个月，由理事会提名，成立由理事代表、监事代表、党组织代表和会员代表组成的换届工作领导小组（或专门选举委员会）；

理事会不能召集的，由1/5以上理事、监事会、本会党组织或党建联络员向党建领导机关申请，由党建领导机关组织成立换届工作领导小组（或专门选举委员会），负责换届选举工作；

换届工作领导小组拟定换届方案，应在会员大会召开前 2 个月报党建领导机关审核；

经党建领导机关同意，召开会员大会，选举和罢免理事；

（二）根据会员大会的授权，理事会在届中可以增补、罢免部分理事，最高不超过原理事总数的 1/5。

第二十三条 每个理事单位只能选派一名代表担任理事。单位调整理事代表，由其书面通知本会，报理事会或者常务理事会备案。该单位同时为常务理事的，其代表一并调整。

第二十四条 理事的权利：

（一）理事会的选举权、被选举权和表决权；

（二）对本会工作情况、财务情况、重大事项的知情权、建议权和监督权；

（三）参与制定内部管理制度，提出意见建议；

（四）向会长或理事会提出召开临时会议的建议权。

第二十五条 理事应当遵守法律、法规和本章程的规定，忠实履行职责、维护本会利益，并履行以下义务：

（一）出席理事会会议，执行理事会决议；

（二）在职责范围内行使权利，不越权；

（三）不利用理事职权谋取不正当利益；

（四）不从事损害本会合法利益的活动；

（五）不得泄露在任职期间所获得的涉及本会的保密信息，但法律、法规另有规定的除外；

（六）谨慎、认真、勤勉、独立行使被合法赋予的职权；

（七）接受监事对其履行职责的合法监督和合理建议。

第二十六条 理事会的职权是：

（一）执行会员大会的决议；

（二）选举和罢免常务理事、负责人；

（三）决定名誉职务人选；

（四）筹备召开会员大会，负责换届选举工作；

（五）向会员大会报告工作和财务状况；

（六）决定设立、变更和终止分支机构、代表机构、办事机构和其他所属机构；

（七）决定副秘书长、各所属机构主要负责人的人选；

（八）领导本会各所属机构开展工作；

（九）审议年度工作报告和工作计划；

（十）审议年度财务预算、决算；

（十一）制定信息公开办法、分支机构管理办法；

（十二）决定本会负责人和工作人员的考核及薪酬管理办法；

（十三）决定其他重大事项。

第二十七条 理事会每届 5 年。因特殊情况需提前或者延期换届的，须由理事会表决通过，报党建领导机关审核同意后，报登记管理机关批准。延期换届最长不超过 1 年。

第二十八条 理事会会议须有 2/3 以上理事出席方能召开，其决议须经到会理事 2/3 以上表决通过方能生效。

理事 3 次不出席理事会会议，自动丧失理事资格。

第二十九条 常务理事由理事会采取无记名投票方式从理事中

选举产生。

负责人由理事会采取无记名投票方式从常务理事中选举产生。

罢免常务理事、负责人，须经到会理事 2/3 以上投票通过。

第三十条 选举常务理事、负责人，按得票数确定当选人员，但当选的得票数不得低于总票数的 2/3。

第三十一条 理事会每年至少召开 1 次会议，情况特殊的，可采用通讯形式召开。

通讯会议不得决定以下事项：

（一）负责人的调整；

（二）罢免常务理事；

（三）决定名誉职务人选。

第三十二条 经会长或者 1/5 的理事提议，应当召开临时理事会会议。

会长不能主持临时理事会会议的，由提议召集人推举本会一名负责人主持会议。

第三节 常务理事会

第三十三条 本会设立常务理事会。常务理事从理事中选举产生，人数为 51 人。在理事会闭会期间，常务理事会行使理事会第一、四、六、七、八、九、十、十一、十二项的职权，对理事会负责。

常务理事会与理事会任期相同，与理事会同时换届。

常务理事会会议须有 2/3 以上常务理事出席方能召开，其决议须经到会常务理事 2/3 以上表决通过方能生效。

常务理事4次不出席常务理事会会议，自动丧失常务理事资格。

第三十四条 常务理事会至少每6个月召开1次会议，情况特殊的，可采用通讯形式召开。

第三十五条 经会长或1/3以上的常务理事提议，应当召开临时常务理事会会议。会长不能主持临时常务理事会会议的，由提议召集人推举本会1名负责人主持会议。

第四节 负 责 人

第三十六条 本会负责人包括会长1名，执行会长（常务副会长）1名，副会长不超过22名，秘书长1名。本会会长实行轮值制度，由若干有代表性的特大钢铁企业为会长单位，其现职主要负责人轮值出任会长，任期一年。

负责人总数不得超过常务理事人数的1/2。

本会负责人应当具备下列条件：

（一）坚持中国共产党领导，拥护中国特色社会主义，坚决执行党的路线、方针、政策，具备良好的政治素质；

（二）遵纪守法，勤勉尽职，个人社会信用记录良好；

（三）具备相应的专业知识、经验和能力，熟悉行业情况，在本会业务领域有较大影响；

（四）身体健康，能正常履责，年龄不超过70周岁（秘书长为专职）；

（五）具有完全民事行为能力；

（六）能够忠实、勤勉履行职责，维护本会和会员的合法权益；

（七）无法律法规、国家政策规定不得担任的其他情形。

会长、秘书长不得兼任其他社会团体的会长、秘书长，会长和秘书长不得由同一人兼任，并不得来自于同一会员单位。

第三十七条　本会负责人任期与理事会任期相同，连任不超过2届。

第三十八条　会长为本会法定代表人。

因特殊情况，经会长推荐、理事会同意，报党建领导机关审核同意并经登记管理机关批准后，可以由副会长或秘书长担任法定代表人。聘任或向社会公开招聘的秘书长不得任本会法定代表人。

法定代表人代表本会签署有关重要文件。

本会法定代表人不兼任其他社团的法定代表人。

第三十九条　担任法定代表人的负责人被罢免或卸任后，不再履行本会法定代表人的职权。由本会在其被罢免或卸任后的20日内，报党建领导机关审核同意后，向登记管理机关办理变更登记。

原任法定代表人不予配合办理法定代表人变更登记的，本会可根据理事会同意变更的决议，报党建领导机关审核同意后，向登记管理机关申请变更登记。

第四十条　会长履行下列职责：

（一）召集和主持理事会、常务理事会；

（二）检查会员大会、理事会、常务理事会决议的落实情况；

（三）向会员大会、理事会、常务理事会报告工作；

（四）提名聘任本会名誉职务的设立及人选，交理事会讨论通过。

会长应每年向理事会进行述职。不能履行职责时，由其委托或理事会（或常务理事会）推选一名副会长代为履行职责。

第四十一条 执行会长、副会长、秘书长协助会长开展工作。

第四十二条 执行会长行使下列职责：

（一）主持本会日常业务工作，组织实施经理事会批准通过的年度工作计划；

（二）经会长授权，代会长执行第四十条第（二）、（三）款职责；

（三）拟订年度财务预算、决算报告，报理事会或常务理事会审议；

（四）会长委托交办的其他工作。

第四十三条 秘书长行使下列职责：

（一）协调各机构开展工作；

（二）主持办事机构开展日常工作；

（三）提名副秘书长，交会长办公会讨论，理事会决定；

（四）处理其他日常事务。

第四十四条 本会设会长办公会，办公会由本会会长、执行会长、副会长、秘书长组成，经常务理事会授权，在常务理事会闭会期间对常务理事会负责。

第四十五条 会员大会、理事会、常务理事会、会长办公会会议应当制作会议纪要。形成决议的，应当制作书面决议，并由出席会议成员核签。会议纪要、会议决议应当以适当方式向会员通报或备查，并至少保存10年。

理事、常务理事、负责人的选举结果须在20日内报党建领导机关审核，经同意，向登记管理机关备案并向会员通报或备查。

第五节　监 事 会

第四十六条　本会设立监事会，监事任期与理事任期相同，期满可以连任。监事会由 5 名监事组成。监事会设监事长 1 名，副监事长 1 名，由监事会推举产生。监事长和副监事长年龄不超过 70 周岁，连任不超过 2 届。

本会接受并支持委派监事的监督指导。

第四十七条　监事的选举和罢免：

（一）由会员大会选举产生；

（二）监事的罢免依照其产生程序。

第四十八条　本会的负责人、理事、常务理事和本会的财务管理人员不得兼任监事。

第四十九条　监事会行使下列职权：

（一）列席理事会、常务理事会会议，并对决议事项提出质询或建议；

（二）对理事、常务理事、负责人执行本会职务的行为进行监督，对严重违反本会章程或者会员大会决议的人员提出罢免建议；

（三）检查本会的财务报告，向会员大会报告监事会的工作和提出提案；

（四）对负责人、理事、常务理事、财务管理人员损害本会利益的行为，要求其及时予以纠正；

（五）向党建领导机关、行业管理部门、登记管理机关以及税务、会计主管部门反映本会工作中存在的问题；

（六）决定其他应由监事会审议的事项。

监事会每6个月至少召开1次会议。监事会会议须有2/3以上监事出席方能召开，其决议须经到会监事1/2以上通过方为有效。

第五十条 监事应当遵守有关法律法规和本会章程，忠实、勤勉履行职责。

第五十一条 监事会可以对本会开展活动情况进行调查；必要时，可以聘请会计师事务所等协助其工作。监事会行使职权所必需的费用，由本会承担。

第六节 分支机构

第五十二条 本会在本章程规定的宗旨和业务范围内，根据工作需要设立分支机构。本会的分支机构是本会的组成部分，不具有法人资格，不得另行制订章程，不得发放任何形式的登记证书，在本会授权的范围内开展活动、发展会员，法律责任由本会承担。

分支机构开展活动，应当使用冠有本会名称的规范全称，并不得超出本会的业务范围。

第五十三条 本会不设立地域性分支机构，不在分支机构下再设立分支机构、代表机构。

第五十四条 本会的分支机构名称不以各类法人组织的名称命名，不在名称中冠以“中国”“中华”“全国”“国家”等字样，并以“分会”“工作委员会”“专业委员会”“专项基金管理委员会”“办事处”“代表处”等字样结束。

第五十五条 分支机构的负责人，年龄不得超过70周岁，连任不超过2届。

第五十六条 分支机构的财务必须纳入本会法定账户统一管理。

第五十七条 本会在年度工作报告中将分支机构的有关情况报送登记管理机关。同时，将有关信息及时向社会公开，自觉接受社会监督。

第七节 内部管理制度和矛盾解决机制

第五十八条 本会建立各项内部管理制度，完善相关管理规程。建立《会员管理办法》《会费管理办法》《分支机构管理办法》等相关制度和文件。

第五十九条 本会建立健全证书、印章、档案、文件等内部管理制度，并将以上物品和资料妥善保管于本会场所，任何单位、个人不得非法侵占。管理人员调动工作或者离职时，必须与接管人员办清交接手续。

第六十条 本会证书、印章遗失时，经理事会 2/3 以上理事表决通过，在公开发布的报刊上刊登遗失声明，可以向登记管理机关申请重新制发或刻制。如被个人非法侵占，应通过法律途径要求返还。

第六十一条 本会建立民主协商和内部矛盾解决机制。如发生内部矛盾不能经过协商解决的，可以通过调解、诉讼等途径依法解决。

第五章 资产管理、使用原则

第六十二条 本会收入来源：

（一）会费；

（二）捐赠；

（三）政府资助；

（四）在核准的业务范围内开展活动、提供服务的收入；

（五）利息；

（六）其他合法收入。

第六十三条 本会按照国家有关规定收取会员会费。

本会开展评比表彰等活动，不收取任何费用。

第六十四条 本会的收入除用于与本会有关的、合理的支出外，全部用于本章程规定的业务范围和非营利事业。

第六十五条 本会执行《民间非营利组织会计制度》，建立严格的财务管理制度，保证会计资料合法、真实、准确、完整。

第六十六条 本会配备具有专业资格的会计人员。会计不得兼任出纳。会计人员必须进行会计核算，实行会计监督。会计人员调动工作或者离职时，必须与接管人员办清交接手续。

第六十七条 本会的资产管理必须执行国家规定的财务管理制度，接受会员大会和有关部门的监督。资产来源属于国家拨款或者社会捐赠、资助的，必须接受审计机关的监督，并将有关情况以适当方式向社会公布。

第六十八条 本会重大资产配置、处置须经过会员大会或者理事会（常务理事会）审议。

第六十九条 理事会（常务理事会）决议违反法律、法规或章程规定，致使本会遭受损失的，参与审议的理事（常务理事）应当承担责任。但经证明在表决时反对并记载于会议记录的，该理事（常务理事）可免除责任。

第七十条 本会换届或者更换法定代表人之前必须进行财务

审计。

法定代表人在任期间，本会发生违反《社会团体登记管理条例》和本章程的行为，法定代表人应当承担相关责任。因法定代表人失职，导致本会发生违法行为或本会财产损失的，法定代表人应当承担个人责任。

第七十一条 本会的全部资产及其增值为本会所有，任何单位、个人不得侵占、私分和挪用，也不得在会员中分配。

第六章 信息公开与信用承诺

第七十二条 本会依据有关政策法规，履行信息公开义务，建立信息公开制度，及时向会员公开年度工作报告、第三方机构出具的报告、会费收支情况以及经理事会研究认为有必要公开的其他信息，及时向社会公开登记事项、章程、组织机构、接受捐赠、信用承诺、政府转移或委托事项、可提供服务事项及运行情况等信息。

本会建立新闻发言人制度，经理事会或常务理事会通过，任命或指定1—3名负责人作为新闻发言人，就本组织的重要活动、重大事件或热点问题，通过定期或不定期举行新闻发布会、吹风会、接受采访等形式主动回应社会关切。新闻发布内容应由本会主要负责人审定，确保正确的舆论导向。

第七十三条 本会建立年度报告制度，年度报告内容及时向社会公开，接受公众监督。

第七十四条 本会重点围绕服务内容、服务方式、服务对象和收费标准等建立信用承诺制度，并向社会公开信用承诺内容。

第七章　章程的修改程序

第七十五条　对本会章程的修改，由理事会表决通过，提交会员大会审议。

第七十六条　本会修改的章程，经会员大会到会会员 2/3 以上表决通过后，报党建领导机关审核，经同意，在 30 日内报登记管理机关核准。

第八章　终止程序及终止后的财产处理

第七十七条　本会终止动议由理事会或者常务理事会提出，报会员大会表决通过。

第七十八条　本会终止前，应当依法成立清算组织，清理债权债务，处理善后事宜。清算期间，不开展清算以外的活动。

第七十九条　本会经登记管理机关办理注销登记手续后即为终止。

第八十条　本会终止后的剩余财产，在党建领导机关和登记管理机关的监督下，按照国家有关规定，用于发展与本会宗旨相关的事业，或者捐赠给宗旨相近的社会组织。

第九章　附　　则

第八十一条　本章程经 2020 年 1 月 11 日六届一次会员大会表决通过。

第八十二条　本章程的解释权属本会理事会。

第八十三条　本章程自登记管理机关核准之日起生效。

中国钢铁工业协会
六届一次会员大会换届选举办法

根据民政部、国务院国资委有关规定和《中国钢铁工业协会章程》规定，为保证中国钢铁工业协会第六届理事会理事、常务理事和协会负责人依照民主程序选举产生，特制定本办法。

第一条　中国钢铁工业协会第六届理事会理事，由会员大会选举产生；常务理事和协会负责人由第六届理事会选举产生。

第二条　选举工作由大会主席团组织。主席团成员由本会有关领导成员组成，现任会长为会议召集人。

第三条　参加选举的代表人数等于或超过应到人数的三分之二，方可进行选举。理事候选人获得同意票数超过投票人数的二分之一，则当选。常务理事和协会负责人候选人获得同意票数超过投票人数的三分之二，则当选。

第四条　选举时，设 6 名监票人，其中总监票人 1 名。监票人从会员中的非候选人中产生；计票人 5 名。监票人、计票人由大会主席团提名，大会表决通过。

计票工作人员由大会主席团指定，在监票人的监督下进行计票。

第五条　大会采取无记名投票方式进行等额选举。

候选人按姓氏笔画为序排列，理事、常务理事、协会负责人的条件按《章程》中有关规定掌握。

第六条 会员选举理事，填写选票时，对候选人全部同意的，在右上方的方框内画“√”；对候选人不是全部同意或是弃权的，在选票右上方的方框内画“√”，然后在不同意候选人姓名右边空格内画“×”，可以等额填写其他代表姓名，超额填写的选票无效；弃权的，在姓名右边空格内画“○”，并不可另填写他人；同意的，不画符号。

第七条 选举投票结束后，由总监票人、监票人进行验票、点票，计票人进行计票。收回选票数等于或少于发出选票数，选举有效。收回选票数多于发出选票数，选举无效，须重新选举。

第八条 计票完毕，由总监票人履行确认和签字手续，然后向主席团报告统计结果，并提交大会主持人当场宣布选举结果。

第九条 第六届理事会也采取上述办法选举常务理事和协会负责人。分两张选票，即第六届理事会常务理事、协会负责人各一张选票，以不同颜色区分，在同一票箱投票，分别计票，分别宣布选举结果。

第十条 本选举办法，经本次会员大会通过后实施。

中国钢铁工业协会六届一次会员大会换届选举总监票人、监票人、计票人名单

总监票人：

郑玉春　冶金经济研究中心副主任、个人会员

监票人：

董燕鹏　中国钢铁工业协会副主任、个人会员

刘雪青　中国钢铁工业协会处长、个人会员

王雪莹　中国钢铁工业协会处长、个人会员

宛燕霞　中国钢铁工业协会处长、个人会员

程　虹　中国钢铁工业协会处长、个人会员

计票人：

白苗苗　中国贸促会冶金行业分会副主任

普　红　中国贸促会冶金行业分会项目总监

朱晓光　中国贸促会冶金行业分会项目总监

袁　野　中国贸促会冶金行业分会高级项目经理

宋　赞　中国贸促会冶金行业分会高级项目经理

关于六届一次会员大会换届选举有关情况的说明

一、按照《章程》规定，认真进行本次换届选举筹备工作

2015 年 1 月中国钢铁工业协会召开第五次会员大会并产生第五届理事会，至 2020 年 1 月五年任期届满，按照《章程》规定，应当进行换届。

本次换届选举筹备工作是依据《社会团体登记管理条例》《国务院国资委行业协会换届选举暂行办法》，遵照《中国钢铁工业协会章程》进行的。

此前，按照国资委的要求，协会及时上报了第六届理事会换届选举方案和候选理事、常务理事、协会负责人名单。候选理事、常务理事名单也提前征求了会员单位意见。

二、关于候选理事、常务理事的情况说明

关于候选理事的情况说明。根据国资委对换届选举的要求和协会《章程》的规定，同时按照民政部对脱钩改革后行业协会的要求，第六届理事会候选理事名额将不超过 230 名，本届候选理事最终为 208 名。比第五届理事会理事减少了 20 名。主要原因：一是由于企业间兼并重组，部分企业停产或退出；二是部分理事单位不履行会

员义务，已经不具备理事的基本条件，这次也取消候选理事资格。这里需要强调的是，按照修正后的《中国钢铁工业协会章程》规定，今后对个别理事单位不履行义务的将动态进行调整，同时还将及时对理事进行增补。

关于候选常务理事的情况说明。民政部对已经完成脱钩改革的全国性行业协会常务理事数量做了严格规定。因此，本届常务理事数量不得不大幅度减少，由现在的89名减少到51名，减少38名。这对协会来说，是一项十分艰难的工作。为此，我们提出本届常务理事会调整的原则：第一，钢协是以钢铁生产企业为主的行业组织，对候选常务理事中非钢铁生产企业做大幅度的压缩，首先减少了钢协代管单位、协会、学会常务理事名额，因此大家看到候选常务理事绝大多数是钢铁生产企业；第二，对企业集团及子公司均为常务理事的，调整后子公司不再保留常务理事；第三，考虑历史沿革、区域代表性等因素。调整后原常务理事单位仍作为理事单位。协会将根据政策规定的变化，及时进行常务理事的增补和调整。在此，我们要向没有进入候选的常务理事单位表示感谢，感谢你们的理解和支持。

三、关于候选协会负责人的情况说明

关于候选会长的情况说明。中国宝武、鞍钢集团、首钢集团、河钢集团、太钢集团、沙钢集团为会长单位。本届理事会任期5年，候选会长轮值顺序及任期为：2020年1月至2021年1月由沙钢集团主要负责人任会长；2021年1月至2022年1月由中国宝武主要负责人任会长；2022年1月至2023年1月由鞍钢集团主要负责人任会长；2023 年 1 月至 2024 年 1 月由首钢集团主要负责人任会长；2024 年 1 月至 2025 年 1 月由河钢集团主要负责人任会长。六届一次理事会议将一次选举任期内 5 任会长。

关于设执行会长的说明。钢协是国资委直管协会中唯一一家由企业家轮值会长的行业协会，实践证明这一制度是成功的。为进一步完善这项制度，从有利于协会对外开展工作出发，经提议并征求会长单位意见，报国资委同意，在协会负责人中设立执行会长（常务副会长）一职。协会《章程》中也已经作了相应的修正。

关于候选副会长的情况说明。民政部对行业协会秘书长以上负责人的数量有非常明确的要求。因此，本次换届副会长单位的数量将不再增加。

四、关于协会法定代表人更替的说明

钢协原法定代表人刘振江同志因年龄原因不再担任法定代表人，建议由钢协驻会副会长屈秀丽同志接任中国钢铁工业协会法定代表人。

中国钢铁工业协会
2020 年 1 月 11 日

中国钢铁工业协会 2015～2019 年主要工作回顾

（2020 年 1 月 11 日）

协会第五届理事会任期五年，这五年是我国钢铁工业深入推进供给侧结构性改革，不断提高发展质量，奋力扭转全行业亏损局面并创出历史最好业绩的五年；也是全行业努力实现绿色化、智能化、国际化，全面提升综合竞争力的五年。五年来，协会紧扣行业发展脉搏，认真履行协会职责，围绕服务政府、服务会员、强化自身做了大量工作，主要体现在以下几个方面。

一、积极化解过剩产能，努力缓解供需矛盾

过去的五年，协会积极配合政府做好化解钢铁过剩产能工作，着重在参与政策制定、争取政策支持、反映企业诉求、维护企业利益、提出合理建议、提供专业支持等方面做了大量工作。

（一）配合国家制定化解过剩产能相关政策

“十二五”末，钢铁产能过剩问题十分突出，钢铁行业运行极度困难，国家于 2014 年出台了化解过剩产能指导意见。2015 年，协会组成多个调研组深入走访企业开展深度调研，向国家有关部门提出

控制产量、化解过剩产能、帮助企业脱困的政策建议，得到马凯副总理的充分肯定。

2016年，协会全程参与《国务院关于钢铁行业化解过剩产能实现脱困发展的意见》（国发［2016］6号文）的制定，对配套文件涉及财税、金融、人员安置、土地、资产重组等提出建议。参与国家发改委、工信部、国务院国资委《推动钢铁产业重组处置“僵尸企业”工作方案》起草工作。参与工信部《钢铁工业调整升级规划（2016—2020）》和国家发改委“十三五”国际产能合作规划的起草工作，积极提出相关政策建议。

（二）积极参与化解过剩产能相关工作

2016—2018年在化解过剩产能工作推进过程中，协会主要做了几方面工作：一是参加国务院化解过剩产能部际联席会议，并多次参加国务院领导主持召开的研究钢铁煤炭行业化解过剩产能有关工作会议，参与相关文字材料起草工作。二是大力配合有关部门对化解过剩产能有关情况进行核实、调研。承担各地区上报的化解过剩产能实施方案的审查、分析、汇总等工作；对全国各省区市钢铁行业发展现状、转型升级等情况进行调研；协助有关部委建立钢铁行业化解过剩产能信息直报统计制度，完成钢铁行业产能预警分系统开发建设工作。三是积极组织行业力量参与化解过剩产能督查及验收工作。2016年参加了9个督查组和10个验收抽查组，现场监察和调研了27个省区市和新疆生产建设兵团的70多家有去产能任务的钢铁企业；2017年组织参加两次督查、两次验收，先后派出400多人次，奔赴29个省区市开展相关工作；2018年组织行业专家近200

人次参与全部 8 个抽查组，先后赴 21 个省（市、区）开展实地抽查工作。

同时，努力反映企业有关化解过剩产能过程中的合理诉求。对于企业遇到的财税、金融、债务、人员、土地、破产清算和历史遗留问题等，积极争取政策支持，获得中央财政项目支持培训资金 100 万元，先后在攀钢等五家企业开展转岗分流培训，帮助转岗分流职工近千人；对化解过剩产能中实行阶梯电价政策的方案及时提出可操作建议。

（三）配合国家巩固去产能成果，努力缓解供需矛盾

2018 年钢铁行业提前两年完成去产能目标，行业效益创历史新高。受需求拉动和收益驱动，钢产量快速增长，供需矛盾存在再度突显的迹象。协会与国家发改委、工信部、生态环境部进行会商，提出了几方面意见和建议：摸清行业家底，严格统计执法；抓紧修订产能置换办法，加强产能置换事中事后监管，严禁新增产能；杜绝盲目的城市钢厂搬迁等，其中有些意见已得到重视和采纳。

2019 年，协会组织行业专家配合开展淘汰落后和化解过剩产能专项督查。积极配合工信部、国家发改委、国家能源局开展淘汰落后和化解过剩产能专项督查工作。梳理有关问题线索，上报国家督导检查组。组织 50 名行业专家赴 20 个省份 384 家企业参与实地核查，为巩固钢铁去产能成果提供专业支撑。

同时，协会协助有关部门做好“地条钢”及违法违规产能举报核查工作。发挥“地条钢”及违法违规产能举报平台作用，及时将收到的举报线索上报部际联席会议办公室。配合国家有关部门，组

织行业专家，对有关企业进行实地核查。

（四）配合开展行业规范管理工作

根据《钢铁行业规范企业管理办法》，结合钢铁去产能和取缔“地条钢”工作进展情况，配合工信部开展钢铁规范企业动态调整工作。每年组织专家认真核对上年公示数据，研究提出符合《钢铁行业规范条件》企业名单、撤销钢铁行业规范公告的企业名单、需整改的钢铁行业规范企业名单、变更钢铁行业规范公告装备的企业名单、变更钢铁行业规范公告名称的企业名单建议，并组织专家对相关企业进行现场核查，积极营造规范经营的良好氛围。

二、完善市场服务体系，维护市场平稳运行

过去五年，协会根据形势变化，紧紧围绕企业反映突出的问题，不断完善市场服务体系，提升服务水平。

（一）完善钢材市场价格监测体系

针对国际、国内钢材市场变化，不断完善钢材价格监测系统，及时跟踪国内外市场变化动态，加强钢材价格走势分析和预测，积极为企业经营决策提供参考依据。

不断完善中国钢材价格指数。根据企业要求和市场变化，2014年建立了分地区价格监测体系和分地区价格指数，于2015年试运行。2016年，在原有的一个综合指数、两个分项指数和八个主要品种指数及价格基础上，新增了华北、东北、西北、华东、中南和西南等六个分地区指数，以及北京、上海和广州三大城市的五种钢材

价格，提高了中国钢材价格指数完整性和市场影响力，为会员企业把握市场行情、进行科学决策提供了重要参考。

（二）加强市场分析和行业自律

加强市场调查与研究。在持续推进企业板带材产销信息统计分析的基础上，2017 年针对取缔“地条钢”对长材市场带来的变化，建立长材生产统计周报制度，将涵盖 13 个重点省份长材生产企业及全国产量 50%钢筋产量纳入统计范围，按周报分析长材生产和市场运行动态，为政府部门及时掌握政策实施效果提供了参考，也为生产和贸易企业提供了准确信息。2019 年，完善社会库存统计口径，与欧冶云商、我的钢铁网等社会力量商讨、研究测算全口径钢材社会库存的方法，提高库存数据的准确度。几年来，协会坚持跟踪钢铁产品供需及原料市场变化，坚持按周对主要钢材品种社会库存、钢铁生产用原燃材料及海运费价格和主要钢铁企业出厂价格进行监测；按月做好板带材和重点钢材品种的产量、库存统计。

进一步加强市场自律工作。鼓励相关企业加强沟通交流，持续推进重点区域和重点品种的自律工作。2018 年针对市场变化，加强北方板材市场、南方板材市场、东北螺纹钢市场、唐山地区窄带钢市场、陕晋川甘建筑钢材市场等区域市场自律；突出做好汽车板、家电板、管线钢、集装箱板、电工钢板等品种的自律工作，号召各品种优势企业加强沟通、合理安排产量。2019 年针对汽车板市场下行压力加大的情况，召开了 3 次汽车板市场座谈会，成立汽车板市场自律小组，呼吁相关企业增进共识、加强自律。

（三）完善与下游用钢行业的交流机制

坚持走访用户企业，召开用户座谈会，不断促进钢铁企业与下游用户企业的交流。对房地产、机械、汽车、造船、家电等下游行业协会及企业进行调研，了解下游行业发展动态和用钢需求变化，撰写钢铁相关行业运行情况及发展趋势报告。收集下游行业、企业在采购、使用钢材过程中遇到的问题，及时反馈给钢厂，引导企业关注下游用钢变化趋势，关注下游行业转型升级对钢铁行业的新要求，转变发展方式，提升产品质量和服务，把上下游的供需关系转变为共生存、同发展的战略合作关系。召开钢铁下游用户座谈会，搭建钢厂与用户的交流平台。

（四）进一步加强产业基础问题研究

五年来，协会紧密结合行业的实际，加强钢铁产业基础问题研究。具体包括：按月撰写月度宏观经济运行情况分析报告、钢铁相关上下游行业经济动态分析；按年度撰写中国钢铁工业投资分析调研报告、会员企业钢材流通渠道变化分析报告、会员企业钢材区域间流通情况分析报告、中国钢铁产业集中度指标分析报告、钢铁产业链外部环境及经济效益分析报告、中国钢铁上市公司综合绩效分析报告等。同时开展与钢铁未来需求相关的基建项目数据库的构建与分析，对建筑业合同进行跟踪与分析、进行企业搬迁专题调研等。

三、加强出口自律，有效应对贸易摩擦

五年来，逆国际化思潮抬头，国际贸易摩擦加剧，中国钢铁行业成为遭受国外贸易救济措施打击的重灾区。面对严峻形势，协会加强沟通，积极采取应对措施，取得显著成效。

（一）继续加强出口自律服务工作

五年来始终坚持每年召开3—4次钢材出口会员企业座谈会，通报行业生产经营情况、国际市场动向，交流钢材出口情况，针对国际市场敏感问题提出应对建议。针对钢材出口大幅度下降的情况，深入重点企业和港口进行调研，分析原因，研究对策。坚持做好海关进出口数据库维护工作，每月定期发布快报，给企业提供了切实有效的出口数据信息。

（二）积极开展对话交流活动

为减少误解、缓解贸易摩擦，几年来协会积极组织召开或参加中国-东盟钢铁交流会、中欧钢铁非正式对话、中日钢铁官民对话、中韩钢铁官民对话，积极参加钢铁过剩产能全球论坛和世界钢协相关活动，积极组织针对具体产品的贸易磋商，不断加强与各主要钢铁市场钢铁生产商和行业协会的沟通交流。

（三）协助企业应对贸易摩擦

2015年—2019年，针对我钢铁产品新发起的贸易救济调查就多达143起，其中2015年和2016年最多，分别为37起和49起。2016年5月还遭遇了美国“337调查”。

面对严峻形势，协会坚定信心，组织相关企业积极应对，特别是下大力气应对好涉案企业多、金额高、涉及高端产品的重点案件。

第一，积极开展对话、磋商，争取和解或撤诉；第二，加强媒体宣传，积极发声；第三，加强与下游用户及用户协会的合作，促使用户积极参与案件抗辩；第四，开展价格承诺谈判及执行工作，争取较好结果。

2016 年—2018 年，积极应对“337 调查”并取得胜诉。2016 年 4 月 26 日美国钢铁公司申请对中国部分钢铁企业的碳素及合金钢铁产品发起“337 调查”后，协会团结带领相关企业积极应诉，在组织协调方面开展了大量工作。经过长达两年的不懈努力，2018 年 3 月 19 日，美国国际贸易委员会发布公告，决定终止针对中国的碳钢与合金钢“337 调查”案反垄断指控调查。标志着中国钢铁企业在“337 调查”案反垄断、窃取商业秘密、反规避 3 个诉点全部胜诉，成功维护了中国钢铁企业在美国市场乃至国际市场的声誉，捍卫了中国钢铁行业的尊严和中国钢铁的品牌形象。

2019 年，应对多个国家（地区）发起的贸易救济调查，取得突出成绩：哥斯达黎加螺纹钢保障措施无损害结案；海合会无缝钢管反倾销调查无损害结案；土耳其钢铁保障措施调查最终无措施结案；中国台湾地区暂停对大陆 5 种钢铁产品征收反补贴税；欧亚经济委员会板材保障措施初裁排除了冷轧板卷、涂镀板卷等产品，相当于排除了中国出口板材总量的 95%；欧亚经济委员会的镀锌板反倾销调查，以签订较好条件的价格承诺方式结案；韩国的 H 型钢反倾销调查，最终以价格承诺方式结案；对欧盟针对钢铁产品发起的保障措施调查，争取到国别配额的结果。目前，正在组织企业进行应诉越南冷轧反倾销调查、海合会钢铁保障措施调查、乌克兰热轧无缝管反倾销调查、欧盟热镀锌板（汽车板）反规避调查等。

四、加强市场分析与沟通交流，努力维护铁矿石市场秩序

五年来，我国进口铁矿石数量大、对外依存度高，价格呈上涨趋势。围绕稳定进口铁矿石市场秩序、维护钢铁企业利益，钢协主要开展了几方面工作。

充分发挥铁矿石价格指数的指导作用。协会不断深化中国铁矿石价格指数（CIOPI）的编制和发布工作。坚持组织79家主要钢铁企业和贸易企业进行数据直报，确保直报数据覆盖全国进口总量的50%左右。从2015年2月份起开始进行进口铁矿石钢厂库存数据报送，3月份起报送数据内容增加“吨度”，同时采集的交易数据更加广泛，从而更加完整地反映了国内铁矿石市场全貌。同时，实现中国铁矿石价格指数（CIOPI）按日发布，进一步增强了钢铁企业采购铁矿石的实时指导作用，提高铁矿石市场透明度。

加强铁矿石市场专题研究。近年来，协会围绕国产铁矿石税费高、进口矿石定价机制、铁矿石期货、指数等问题组织力量进行专题研究，向政府有关部门提出改进建议。组织会员单位进行铁矿石期货培训、国内外各种铁矿石指数沟通。与国内外铁矿石指数编制机构广泛交流，督促有关指数编制机构扩充样本量，完善编制方法，提高指数的真实性和有效性。及时与有关金融部门沟通，促进铁矿石期货市场的健康发展。2019年以来，针对铁矿石价格不断攀升并高位运行，协会成立以中国宝武为组长单位的进口铁矿石工作小组，形成企业自主研究进口铁矿石市场重大问题的机制。

加强与四大矿山的沟通和交流。协会与国际主要矿山公司建立了经常性沟通交流机制，与四大矿山公司围绕钢铁企业关心的问题

进行沟通，提出了减少自主招标、加大现货平台投放力度、提高现货交易的规范和透明性、减少对市场波动的影响等要求，实现了铁矿石多元化指数定价。利用多双边交流和国际会议场合主动发声，倡导建立“互利共赢”的产业链上下游合作关系。

五、强化科技质量引导，推动行业科技进步

五年来，协会坚持创新驱动，围绕引导行业创新发展做了许多工作。

（一）参与科技规划和国家政策的制订

2015 年完成了工信部“十三五”产业技术创新发展战略研究、产业共性技术指南（2013 版修订），对《智能制造试点示范项目要素条件》《新材料产业政策发展规划（2016—2020 年）》《工业强基工程实施方案（2016—2020 年）（征求意见稿）》提出意见建议。参与中国工程院《中国工业化中后期过渡阶段产业共性技术支撑体系建设研究》等课题研究工作，完成了国家发改委《国家重点推广的低碳技术目录》技术推荐工作。

2017 年，积极参与工信部《产业关键共性技术发展指南（2017 年）》《新材料产业发展政策》《2017 年度新材料领域重点目录》《重大短板装备专项工程重点方向》《重大技术装备自主创新指导目录》《2018 年智能制造新模式应用项目重点方向》，国家发改委《增强制造业核心竞争力重大技术装备专项实施方案》等研究和制定工作。

2018 年，参与工信部《重点新材料首批次应用示范指导目录》

《新材料产业重点产品目录、重点企业目录、产业集聚区发展指南》修订工作，参与科技部《“十三五”材料领域科技创新专项规划》、工信部《产业技术创新能力发展规划（2016—2020年）》的中期评估工作，参与发改委高端装备、新材料创新发展目录修订工作。

2019年参与工信部《新材料关键产品目录》编制，参与科技部面向2035年的材料领域科技发展战略研究和技术预测工作，组织力量聚焦研究钢铁科技发展方向，为国家中长期科技发展规划（2021—2035年）制定提供支撑。参与《产业结构调整指导目录》和《工业企业技术改造升级投资指南》修订工作。召开“第九届钢铁冶金新技术发展论坛”，组织研讨“十四五”行业科技发展方向和重点。

（二）牵头做好共性技术攻关和科技支撑计划的实施

2015年组织有关企业及专家完成了“钢铁材料及其绿色化制造流程技术材料”“钢铁全流程智能制造平台与关键技术”“大规模铁矿床协同高效开采技术与装备及示范”等10个“十三五”国家重点研发任务建议并上报科技部，为布局“十三五”行业技术创新工作打下基础。

2016年协会发挥科技项目组织单位的作用，组织、推动科技部“十二五”科技支撑计划项目《大型钢铁联合企业废物循环利用技术与示范》《冶金过程 CO_2 资源化利用产业化技术示范》项目有效实施。

2017年经协会推荐，首钢、宝武、鞍钢等企业牵头的12个关键共性技术创新攻关项目获得国家财政资金2.9亿元支持。对协会管理的“十二五”科技支撑计划项目进行检查和验收。配合科技部指导《特殊钢生产流程关键技术开发与集成示范》课题承担单位开展项目验收工作。

五年间，鞍钢矿业公司完成了“十二五”国家科技支撑计划项目——“鞍山式极贫赤铁矿高效开发利用新技术研究与示范”，破解了贫铁矿选矿高效开发利用世界性难题。从项目启动、协调、中期检查以及最后验收，协会都发挥了重要作用。

（三）支持企业建设协同创新平台

2017 年推进行业创新联盟试点和培育工作，发布联盟管理办法，依托鞍钢牵头的耐蚀钢产业技术创新战略联盟、宝武牵头的装配式钢结构民用建筑产业技术创新战略联盟、马钢牵头的高性能建筑用钢产业技术创新战略联盟和北科大牵头的京津冀钢铁行业节能减排产业技术创新联盟等 4 家试点联盟，以及太钢牵头的铁路车辆关键部件用钢产业技术创新战略联盟、中冶焦耐牵头的焦化污染防治产业技术创新战略联盟等 2 家重点培育联盟，搭建行业关键共性技术创新平台，促进行业协同创新。

2018 年组织召开（第六届）高强建筑用钢及钢结构应用发展论坛，加强企业交流，促进钢铁行业提质增效、转型升级。支持耐蚀产业技术创新战略联盟召开高性能耐蚀桥梁钢、海洋材料与腐蚀防护大会，召开耐蚀钢产业技术专题交流会 4 次，促进了行业技术交流。

2017 年 11 月 6 日召开五年一次的钢铁行业科技创新大会，对新时代钢铁行业科技创新工作提出要求，明确了行业科技创新工作思路。2019年筹备成立中国钢铁工业协会科技创新工作委员会，搭建钢铁行业科技创新工作平台。组织召开“先进海工与高技术船舶材料应用技术研讨会”，组织召开耐蚀产业技术创新战略联盟第四届高性能桥梁钢在桥梁建设中应用与发展会议等5次技术研讨会，开展了4次关于联盟“十三五”规划中的18个科研项目技术交流，促进上下游产业在新产品研发与应用方面的交流与合作。

（四）加快推进智能制造

举办2019年第二届钢铁工业智能制造发展论坛。组织行业编制了《中国钢铁智能制造发展前景展望——钢铁未来梦工厂》和宣传视频，并向全行业发布，引导行业智能制造发展方向。开展了两化融合评估工作，总结钢铁企业推进智能制造发展经验，促进行业智能制造发展水平快速提升。

六、完善标准体系，促进质量升级

五年来，协会顺应国家标准化工作改革趋势，在做好钢铁行业国家标准、行业标准归口管理工作的同时，加强钢铁行业团体标准的制修订工作，推进质量管理和品牌管理，有效促进了行业质量升级。

（一）加强标准体系建设

规范和加强行业标准化工作。2017年组织召开质量标准化工作委员会主任工作会，讨论通过《质量标准化工作委员会工作条例（2017版修改）（草案）》和《质量标准化工作委员会组织机构和人员调整方案（草案)》。发布《中国钢铁工业协会加强钢铁行业标准化工作的指导意见》，提出做好行业标准化工作的总体原则和主要工作内容。组织有关单位落实指导意见，成立全国钒钛磁铁矿综合利用标准化技术委员会，完成全国钢标准化技术委员会及其五个分技术委员会换届工作，对全国钢、铁矿石与直接还原铁、生铁及铁合金标准化技术委员会及其所属分技术委员会委员进行了调整。2018年，制订和发布《中国钢铁工业协会标准制修订工作管理细则（试行)》，对协会管理的国标、行标及团标制修订工作进行了进一步规范。

扎实推进国标、行标管理工作。发挥钢标委和各分技术委员会的作用，积极收集用户和市场对钢铁产品标准制修订方面的意见和建议，向国家标准工作委员会申报标准制修订计划并组织开展标准的制修订工作，将制修订成果再次报国家标准工作委员会审批。据统计，五年来，全国钢标委共申报国家标准计划 696 项，获批 381 项；报批国家标准 699 项，批准发布 476 项。

积极推进团体标准的制修订工作。2015 年 3 月国家正式印发《深化标准化工作改革方案》后，标准化工作按照“简政放权、放管结合”的原则推进改革，协会承担起了独立制修订钢铁产品标准的重任。作为第二批团体标准试点单位，协会 2017 年参加第二批团体标准试点工作启动会。做好团体标准计划项目的征集、评审工作，全年共下达 2 批团体标准制修订计划共 14 项，发布 2 批团体标准共 9 项。组织申报工信部《百项团标应用示范项目》评选工作，5 项行业团体标准成功入围。按照工信部要求，总结自 2016 年以来协会完成的相关工作，完成中期自评报告。

2019年继续深化团体标准工作，共完成团体标准计划立项74项，批准发布团体标准22项；组织召开《钢铁产品质量能力分级规范》CISA团体标准宣贯会，推进质量分级工作，促进钢铁产品质量持续提升。组建200系不锈钢纳标调研工作组，赴福建、广东和广西等地对有关企业进行实地调研，召开200系不锈钢标准研讨会，为制订200系不锈钢产品团体标准打下基础。组织企业申报工业和信息化部2019年百项团体标准应用示范项目。

开展钢铁高质量发展标准引领行动。2019年研究确定了引领行动的组织架构，选择最能代表中国钢铁工业先进性的工艺、技术、装备和产品，制定一批团体标准，在行业内树立典范，以高水平标准引领中国钢铁品牌建设和行业健康发展。

（二）倡导企业质量提升行动

研究钢铁行业质量提升行动方案。为提升钢铁材料供给质量，支撑制造强国和质量强国建设，研究制定了《钢铁材料质量提升三年计划方案》，有关内容已被工信部、科技部、商务部和市场监管总局联合印发的《原材料工业质量提升三年行动方案（2018—2020年)》采纳。

加强行业品牌建设和培育工作。受工信部委托，组织开展《钢铁行业产品质量提升和品牌建设项目》研究，促进企业提升品质品牌、树立质量标杆、升级产品标准，加强品牌建设。协助工信部开展制造业单项冠军示范企业和冠军产品企业限定性条件论证工作，对有关企业的申报材料进行审核。组织召开《品牌培育管理体系实施指南　钢铁行业》标准宣贯会，进一步深化推动钢铁企业品牌建设工作，增强企业品牌培育能力。通过实物质量评审活动，促进企业不断改善产品质量水平，帮助企业打造品牌、开拓市场。

七、加强经济运行分析工作，促进挖潜增效

五年来，为提升行业效益，协会深化对标挖潜活动，积极推进去杠杆工作，加强行业运行分析和效益监测，取得一定成效。

（一）深入开展经济运行和经济效益监测分析工作

为更好地了解掌握钢铁行业运行情况，掌握国家稳增长、调结构、增效益等宏观政策实施效果，针对行业运行面临的困难和问题提出对策建议，协会建立企业经济运行分析机制，定期召开钢铁行业经济运行座谈会、月度分析会，及时跟踪分析行业生产、进出口、库存、投资和价格、成本、效益等变化情况，按月分析市场供需出现的变化以及国内外钢材市场价格波动原因，预测后期价格走势；及时分析八个主要钢材品种国内市场价格变化情况，及时分析钢材市场价格走势。及时了解钢铁企业生产经营状况，听取企业政策诉求和措施建议，分析国家宏观政策落实情况，研究企业生产经营中遇到的突出问题和主要困难以及对策建议，编写钢铁行业月度分析报告和座谈会纪要，发给会员企业参阅，帮助会员企业准确把握市场走势，合理安排产销计划。同时，参加国家各部委运行分析例会，积极反映行业运行状况及运行中存在的新情况、新问题，并提出相关政策建议，为国家调整宏观政策提供参考依据。

（二）深化和拓展对标挖潜工作

规范和完善成本核算体系。为规范钢铁行业产品成本核算，保

证企业产品成本信息的真实、完整，解决企业成本核算口径不一致而产生的数据不可比问题，协会于2016年制定并发布了钢铁协会《企业产品成本核算制度——钢铁行业》实施办法，统一了核算口径。2017年在原有的“制造成本指标”报表中增列“单位加工成本”项目；在原报表基础上，分别增加“本月”及“本年累计”加工成本项目。2018年正式推出工序加工成本对标，进一步增强钢铁企业加工成本的可对比性。

不断拓展对标领域。持续开展行业节能减排对标竞赛活动，持续开展“全国重点大型耗能钢铁生产设备对标竞赛”活动，加强企业间巨型高炉对标，按月对24座4000立方米以上巨型高炉和19座3000立方米以上高炉和37座2000立方米以上高炉主要生产技术指标汇总统计，并及时反馈各企业，促使高炉稳定性大幅度提高，2018年和2019年巨型高炉生产稳定、开停炉顺利。继续开展煤炭采购供应工作对标和信息交流，及时发送《钢铁企业煤炭供应工作月刊》。继续做好设备管理对标工作，指标填报单位由29家增加到37家，覆盖面进一步扩大。推进钢铁企业工序环保费用对标工作。开展价格对标，按月收集、整理和反馈结算价格数据，编发《国内钢铁企业财务结算价格汇总分析》，为钢铁企业制定价格策略、开展效益分析、加强内部管理提供参考依据，受到企业的普遍欢迎和好评。按周编辑《领导参阅》，按月编辑《国际钢铁分析报告》，每半年编写《世界钢铁成本对比研究》，为企业运营提供决策参考。

继续开展成本“十佳”评选。每年评选“对标挖潜”10项主要产品制造成本和吨钢材利润前三名先进企业，公开在全行业推广先进单位降本增效的经验和做法，有力促进了钢铁企业的降本增效工作。

（三）积极推进钢铁行业去杠杆工作

为提供效益，防范风险，自2017年开始，协会启动了去杠杆工作，率先在全国确定了10个去杠杆典型企业名单，先行先试，重点突破，为全行业积累去杠杆经验。近年来，协会对钢铁行业重点统计企业资产负债率、杠杆率进行跟踪，对数据变动原因进行分析，报送有关部门；研究解决在去产能过程中的债务处置、处理僵尸企业负债等问题；协调解决优化企业贷款结构问题，争取将短期银行贷款转为长期银行贷款去杠杆；引导钢铁企业开展投入去杠杆等多方面工作。在各方共同努力下，促进了相关金融机构以低息资金收购银行对企业的债权，再将债权转为股权的形式实施债转股政策的实施，有利于解决钢铁企业债转股中名股实债问题；部分企业短贷转长贷工作取得进展，贷款利率有了实质性下降；实施的处置去产能企业直接债务等政策将有助于钢铁行业经济经行提质增效。

八、坚持绿色发展，做好节能减排相关工作

积极推进超低排放改造。组织召开钢铁行业超低排放新技术新设备研讨会，针对环保督查中发现环保技术难点进行专题交流，共同商议解决方案和技术措施，取得很好效果。

推动企业碳管理和碳减排工作。适应国家2017年启动的全国碳排放权交易市场的要求，组织召开钢铁企业碳管理及碳交易能力建设交流研讨会，就相关政策、碳排放核算和交易、碳减排途径，以及碳资产管理等方面进行了专题研讨；开展了碳交易试点钢铁企业调研，总结试点企业碳交易过程重点经验和做法。研究编制钢铁行

业碳排放权交易能力建设培训体系及实施方案，召开“钢铁企业碳排放权交易工作培训会”，对企业不同层级人员进行培训，提高了钢铁行业参与碳交易市场的能力。

加强国内外节能减排交流。为推动钢铁行业能源管理工作，探讨新形势下钢铁行业节能减排方向，加强钢铁企业能源部门负责人之间的沟通交流，组织召开钢铁协会环保节能工作委员会年会、钢铁企业能源管理负责人工作交流会、钢铁企业用水效率座谈会、钢铁行业碳排放配额分配方案专题技术讨论会、典型钢铁企业超低排放改造评估研讨会等；加强中日钢铁企业间的技术交流，每年组织召开中日钢铁业环保节能先进技术专家交流会。

组织编写节能减排交流资料。开展钢铁行业节能低碳案例技术征集、汇编工作，指导钢铁企业积极采用有效的先进节能低碳技术措施减少碳排放。协会编辑印发了钢铁行业先进环保工程技术案例材料，将近几年在钢铁企业成功应用，且稳定达到相关工序污染物排放新标准的工程技术实例，进行征集并请行业专家优选后汇编成册，供会员企业参考借鉴。

组织发布绿色发展宣言。在9月7日召开的钢铁行业庆祝中华人民共和国成立七十周年座谈会上，15家钢铁企业在协会的见证下联合签署并共同发布《中国钢铁企业绿色发展宣言》，向全国人民作出庄严承诺。

积极参与绿化活动。在天津钢协、渤海钢铁集团、荣程钢铁、天丰钢铁和包钢等大力支持下，参加在天津武清举行的第三届全国绿博会，“钢铁风情园”以其独特设计构思和深厚的钢铁特色，展现了钢铁行业不断追求绿色发展的新形象，受到组委会高度评价，钢铁协会获得组委会颁发的银奖。组织企业积极参与第四届中国绿化博览会钢铁园相关工作。组织企业参加全国绿化委员会组织的全国绿化模范单位、全国绿化奖章评选活动，提高企业参与绿化的积极性。

九、加强国际交流与合作，积极参与全球钢铁治理

（一）积极规划、引导、推动钢铁行业国际产能合作

成立“钢铁国际产能合作企业联盟”，统筹行业对外投资合作。经国家发改委批准，2017 年 3 月中国钢铁工业协会牵头，联合主要钢铁企业和相关单位共同发起成立了“中国钢铁行业国际产能合作企业联盟”（联盟），成立了由钢协、全联冶金商会、宝武集团、河钢集团、中冶集团、中钢集团、冶金工业规划研究院、冶金信息标准研究院和中国冶金报社组成的联合秘书处，组织机构和工作机制不断完善。

加强国际产能合作研究。承担了工信部、国务院国资委、国家发改委课题，开展“钢铁产业链布局规划”“钢铁行业开展国际产能合作”“钢铁行业‘一带一路’建设、国际产能合作及应对国际贸易摩擦”和“钢铁行业国有钢铁企业国际化经营战略及境外投资管理”研究。

积极搭建国际产能合作的桥梁。对接有关政府部门，开通国际产能合作项目申报通道，跟踪相关政策发布及落实情况，搜集、整理对外投资目标国家和地区钢铁市场和项目信息，及时向企业通报。召开联盟工作会，实施“一带一路”国际产能合作领军人才培养计划，举办“钢铁企业对外投资战略和项目运作培训班”，调研海外钢

铁投资项目，整理并反映企业遇到的困难和问题，协助企业“走出去”。

（二）不断加强对外交流

积极拓展对外交流渠道。梳理多年来积累的对外交流渠道资源，保持和深化与东盟、日本、韩国、欧盟的对话和磋商，积极拓展与印度、俄罗斯、中东、非洲、拉丁美洲等国家和地区钢铁协会、咨询机构及大企业的联系，为企业赴海外投资和销售产品提供信息咨询。

周密安排重要来访和出访。安排接待世界主要钢铁协会、主要钢铁及相关企业、有关政府部门、投融资机构、信息咨询机构等重要来访，安排协会领导参加世界钢协年会、G20钢铁过剩产能全球论坛、韩国钢铁论坛、意大利全国钢铁销售商年会、新加坡铁矿石周、欧委会镀锌板听证会、力拓西澳铁矿40周年和FMG成立15周年等重大活动，保持和拓展了同世界钢铁同行及利益相关方的联系，取得了预期的效果。

（三）组织重要国际会议和展览

坚持举办重要国际会议。坚持举办中国国际钢铁大会、中国钢铁原材料国际研讨会、钢材市场和贸易国际研讨会、中国金属循环应用国际研讨会、中国炼焦技术及焦炭市场国际大会、中国钢铁金融衍生品国际大会等大型国际会议，利用主场优势安排大会发言，会见重要国外企业和机构代表，介绍中方立场、观点，取得预期效果。

举办和参与国际展览会。定期举办中国国际冶金工业展览会、中国国际管材展览会、上海国际不锈钢国际展览会，组织参加德国杜塞尔多夫国际冶金展、美国钢铁工业展览会、阿拉伯国际管材展览会等国外展览。这些重要行业国际会展的成功举办，为增进国内外、上下游之间的理解和合作，促进供需衔接，化解贸易摩擦、稳定钢材和冶金技术装备出口，提升中国钢铁行业形象发挥了积极的作用。

（四）积极开展行业对外宣传工作

编印发布《中国钢铁发展报告》英文版宣传中国钢铁行业的发展变化。利用协会英文网站针对特定事件及时发布声明，对协会领导重要外事活动及时进行宣传，不间断进行行业信息更新。加强与国内外媒体机构的合作，与路透社、彭博社、（英国）金属通报等建立了正式工作联络渠道。

积极参与G20钢铁产能过剩全球论坛工作，发布《中国化解钢铁过剩产能促进结构调整的努力和成效》白皮书，评估、填写并核实钢铁过剩产能信息共享模板及信息数据，安排协会领导参加部分论坛活动，积极宣传中国去产能工作成效，得到各有关方面的肯定。

十、开展重大课题研究，努力破解行业发展难题

五年来，协会注重调查研究，动态掌握行业发展难题和企业实际困难，努力寻求解决办法，积极向政府建言献策，争取政策支持。

（一）积极推进行业发展战略研究

参与“十三五”发展规划编制研究。2015 年，协会协助编制钢铁工业“十三五”发展规划，全程参与工信部组织的转型发展行动计划起草修改，就《中国制造 2025》提出行业建议，参与《钢铁产业调整政策》起草、修订工作，组织开展钢铁工业“十二五”发展规划评估、“十三五”时期钢铁行业若干重大问题研究、生产能力评价指标体系等课题研究工作。

参与“十四五”规划前期研究。参与工信部《钢铁工业“十四五”发展思路研究》、国务院国资委《高质量发展要求下开展钢铁行业“十四五”规划前期研究》工作。

推进钢铁产业生态圈研究。2019 年启动钢铁产业生态圈研究工作，对国内外钢铁产业生态圈论述、案例等进行系统汇总梳理，完成《钢铁产业生态圈基本情况梳理》和《钢铁产业生态圈研究基本框架》。对无锡感知集团、钢银、欧冶云商、徐工集团等钢铁产业生态圈中的新生力量及下游用户开展调研，形成钢铁产业生态圈调研报告。

（二）认真做好委托课题研究

受政府部门委托，开展《钢铁工业“十三五”煤炭消费总量控制规划和行动计划研究》《钢铁行业煤炭消费总量控制实施方案和政策研究》《钢铁行业“十三五”节能潜力分析》等课题研究。参与《中国节水技术政策大纲》《钢铁企业超低排放改造工作方案》《重污染天气应急预案进一步夯实应急减排措施》《京津冀工业节水行动计划》等政策制修定。开展国务院国资委《高质量发展要求下促进钢铁行业兼并重组工作》《高质量发展要求下稳步推进钢铁绿色发展工作》《高质量发展要求下推进钢铁智能制造工作》《高质量发展要求下促进钢铁行业建立健全转型升级去产能长效机制工作》课题，工信部《钢铁行业质量提升专项（2019 年）》《2019 年钢铁行业产品质量提升和品牌建设》等课题，生态环境部《典型钢铁企业超低排放改造评估》课题，水利部《钢铁行业用水效率基本情况调查分析》课题，国家发改委《钢铁行业巩固化解过剩产能成果长效机制研究》《钢铁国际产能合作指引》课题研究。与中国地质大学合作开展国家自然科学基金项目《基于多主体与多层网络的钢铁生产全流程“矿能水”耦合关系及对碳排放影响模拟》。

（三）积极反映企业诉求

多年来，协会利用参与政策制修订和参加国家部委组织的重点行业经济运行分析会的机会，针对行业运行中遇到的困难和问题，及时提出建议，为国家调整宏观政策提供参考依据。充分抓住向全国人大财经委员会、中财办、国家发改委、工信部等部门汇报的时机，认真准备相关资料数据，积极反映行业诉求，为行业发展争取良好的政策环境。针对部分地区环保“一刀切”，多次向有关部委提出鼓励先进企业的差别化环保限产建议，部分地区已采纳并实施。针对企业“融资难、融资贵”，利用一切机会向有关部门积极反映实施有保有压的差别化信贷政策。呼吁建立公平竞争的市场秩序，国家逐步取消加工贸易项下免税进口钢材的优惠政策。坚持不懈反映减税降费得到回应，国家 2015 年下调铁矿石资源税征收比例，有关部委 2018 年分两次分别提高钢轨和镀锌板等部分钢铁产品增值税出口退税率，并在 2019 年 1 月 1 日取消了部分冶金产品的出口关税。经不断努力，2018 年国家重大水利工程建设基金征收再降低 25%。针对城市钢厂搬迁、企业兼并重组等重大问题积极向有关部门提出意见建议。

十一、做精做细行业统计工作，不断提高信息化水平

五年来，协会以服务行业、服务企业、服务政府为宗旨，不断细化统计服务内容，提高统计产品的时效性，进一步做精、做细信息统计工作。

充分发挥“委托信息”和“专报信息”报送的主渠道作用。持之以恒做好“委托信息”和“专报信息”报送工作，不断提高信息的及时性、针对性，充分发挥反映行业诉求的绿色通道作用，得到有关部委的肯定。

按照出精品原则，不断丰富统计产品。经过多年的不懈努力，目前按旬、按月、按季印发的统计资料达 13 种。在国务院国资委创先争优活动中钢铁协会统计产品被评为精品工程。同时，还根据会员需要编发了《中国钢铁工业统计年度快报》《钢铁工业统计年报提要》和《钢铁行业重点统计单位生产经营统计》《中国钢铁统计》《钢铁工业环境保护统计年报》《钢铁行业指标排序汇编》。

优化信息服务方式，不断提高信息化水平。充分发挥钢铁协会网的信息服务功能，使会员及时了解有关信息；目前“协会网”年点击率已经超过 200 万次；钢铁行业“一带一路”数据库及信息服务系统项目已通过终验；钢铁行业信息规范和服务平台系统项目通

过初验；钢铁行业上下游产业链大数据服务平台项目正在积极推进项目建设工作。通过各期信息化项目建设，使协会服务行业的能力不断提高。

十二、搞好评审表彰工作，推进行业管理创新与科技进步

评先奖优是推动行业进步的一种有效方式，五年来，协会在这方面做了许多工作。

（一）不断改进、持续推进冶金科学技术奖评选工作

完善评审体系。五年来，推进评审工作创新，逐步建立、完善了冶金科学技术奖“网络评价+三次公示+三次评审”的评审体系：一是修改了《冶金科学技术奖奖励条例》及其实施细则，强化了冶金科学技术奖严格、公平、公正、公开的评审风格。二是增加、完善专业评审前的网络评价环节，大大增加了科技人员的参与度，也使项目得到更为科学、客观的评价。三是整理、完善评审专家库，现有在库专家 1741 人，为科技奖励评审打下专家基础。四是完善《冶金科学技术奖申报管理系统》和中国钢铁成果奖励网，持续改进专业评审和评审委员会评审。

2015—2019 年冶金科学技术奖共表彰项目 387 项，获奖率 37.4%，其中特等奖 4 项、一等奖 66 项、二等奖 114 项、三等奖 203 项。

（二）做好国家科技奖励提名工作

协会代表行业提名国家科技奖励项目，重点开展项目申报策划、

评审咨询、申报材料准备、形式审查和答辩咨询、辅导等工作。2015—2019 年度经钢铁协会提名荣获自然科学二等奖 1 项，技术发明奖二等奖 1 项，科技进步奖一等奖 2 项、二等奖 7 项。

（三）改进冶金企业管理现代化创新成果评审工作

2015—2019 年（第十五—十九届）间，坚持和完善“三次公示+两级审定+协会审批”程序，对审定工作做了较大改进和完善，效果良好。主要创新工作有：一是将第一级审定改革为专业审定，按成果的专业领域分组进行，提高了审定效率。二是增加、强化专业审定结果的公示（第二次公示），促进了管理成果的宣传和交流，扩大了管理成果审定在行业的影响。三是委员会审定听取专业审定推荐一等成果答辩，推动了管理成果的总结和推广。四是委员会审定会同时套开成果管理人员研讨会，开放旁听成果答辩，使管理成果审定更加公平公正公开，成果质量更高。

五年来，管理创新成果申报数量逐年增加，多项反映行业热点、难点的成果获得表彰，有力推动了整个行业企业管理领域的交流和提高。

（四）推进清洁生产环境友好企业、产品开发市场开拓奖评审

这两个奖项每两年申报评审一次。2016 年、2018 年度表彰清洁生产环境友好企业 9 家，表彰产品开发市场开拓奖产品 17 个。获表彰企业和产品主要通过网站、行业权威媒体（中国钢铁业、中国冶金报、世界金属导报）和理事会资料宣传。

(五) 做好奖励宣传工作

获奖成果宣传。编辑、制作每年的冶金科学技术奖获奖项目介绍和冶金企业管理现代化创新表彰成果汇编电子版资料，作为年初钢铁协会理事扩大会资料向会员企业发放，并在钢铁协会和钢铁奖励网站上公布。

十三、积极盘活行业人力资源，为高质量发展提供智力支持

(一) 编制《钢铁行业“十三五”人力资源规划指导意见》

2016 年编制印发《钢铁行业“十三五”人力资源规划指导意见》，对引领企业“十三五”行业人才工作发展，合理配置行业经营管理人员、专业技术人员、技能人才的结构、层次，统筹规划和培养创新型科技人才、重点领域急需紧缺人才和高技能人才队伍建设，提高企业劳动生产率和人力资本竞争力具有指导意义。

(二) 持续推进行业人力资源优化与改善

不断完善人力资源数据统计分析年报。在积累和优化数据的基础上，精心编制行业人力资源分析报告，重点对企业关心的关键指标和问题进行专项研究和分析，为企业纵向对比和横向对标提供依据，得到越来越多企业和研究机构的高度关注和认可；同时，也得到政府有关部门的认可和重视，并成为国家制定政策的重要依据。

创新人力资源服务的平台和手段。利用信息化、网络化等技术手段，对行业十年来人力资源数据采集和分析系统的进一步梳理和优化。形成了较为完备的行业人力资源分析体系和基础信息库，使

数据填报使用更加快捷高效，系统用户的数量和满意度逐步提升，成为行业人力资源服务工作不断推陈出新、与时俱进的重要抓手。

（三）召开全行业劳模表彰大会

经过中国钢铁工业协会与人力资源和社会保障部及地方评选工作小组一年多来的共同努力，2019 年 7 月在北京组织召开了钢铁工业先进集体、先进工作者和劳动模范表彰大会印发了“关于表彰全国钢铁工业先进集体劳动模范和先进工作者的决定”，共表彰钢铁行业先进集体 97 个、劳动模范 96 人、先进工作者 4 人；表彰工作的开展对鼓舞士气，凝聚力量，振奋精神，激励行业广大干部职工奋发图强，提供了新的动力源泉。

（四）成功举办两届全国钢铁行业职业技能竞赛

全国钢铁行业职业技能竞赛是经国家人力资源和社会保障部批准，由中国钢铁工业协会、中国就业培训技术指导中心、中国机冶建材工会和共青团中央城市青年发展部 5 家联合举办国家级竞赛。2016 年和 2018 年成功举办了“鞍钢杯”和“首钢杯”两届行业大赛。竞赛对获得各工种前 20 名授予了“全国钢铁行业技术能手”荣誉称号；前三名的选手授予了“全国技术能手”荣誉称号，获得竞赛工种前 3 名且年龄在 35 岁以下的选手授予“全国青年岗位能手”荣誉称号。每届行业大赛都能带动全行业近 20 万职工参与岗位练兵和技术比武，对进一步加强职工队伍素质工程建设，提升企业核心竞争力，推动企业加快转型升级起到积极的推动和促进作用。

（五）成功举办三届钢铁行业技能知识网络竞赛

2015年以来，已连续成功举办三届技能知识网络竞赛，每届竞赛都有来自全国60余家钢铁企业和职业院校，超过2万名专业技能人才参与竞赛活动。五年来，协会持续推进竞赛组织创新：对网络竞赛平台进行全面升级改造，结合钢铁冶金主业的职业分类，按照工种开展竞赛，并将竞赛成绩与企业职业技能鉴定工作相结合，进一步提高职工参赛的积极性；对竞赛题库进行更新，题量达到近7万道；将计算机仿真模拟技术首次运用于竞赛中，提高了竞赛的真实性；设计开通移动手机端练习渠道，方便选手随时随地练习。从比赛成绩看，近年来平均成绩有明显增长，达到了知识更新和优化提升工人技能知识水平的办赛目的。通过对竞赛取得优异成绩单位和代表进行表彰，引领和带动更多职工学知识、强技能，快速成长为知识型、技能型、创新型的高技能人才。

（六）以需求为导向，以服务为核心，开展优质培训

五年来，协会以“办会员企业想办，又不容易办、不方便办的培训”为宗旨，每年举办行业各类公开课近20期、内训班数十期，办班数量和学员规模连创新高。

争取政府资源，培养创新型科技人才和急需紧缺人才。钢协每年都要结合行业发展热点和技术前沿向人社部申报高级研修班项目，5年来免费为行业培训高级专业技术人员350余人，成为行业提升专业技术人才能力和水平的重要抓手。

积极发挥多方优势，拓展培训内容和形式。协会联合中国宝武、

首钢集团、北京科技大学、东北大学等行业内优秀企业和知名高校，广泛开展精品培训项目。积极争取大连商品交易所、上海期货交易所和中国期货业协会的支持，免费为行业举办各类钢铁期货及衍生品知识培训，得到企业和学员的高度认可。

开展个性化定制化内训服务。协会每年都要组织先进企业、冶金高校优秀师资送教上门，5 年来共为首钢、沙钢、马钢、攀钢、本钢、陕钢、南钢、酒钢等 20 余家企业提供了上百期内训服务，成为企业职工培训的有力补充。

利用互联网技术，开展行业远程网络教育。优化远程网络培训平台，完善课程资源，坚持每月在全行业开办一期免费的网络公开课，举办多期精品直播课，涵盖了当下行业技术、技能、管理等方面的课程，为企业服务的质量不断增强，得到企业充分好评。

（七）完成钢铁行业职业标准修订工作

按照国务院“放、管、服”的原则要求，协会组织修订了钢铁行业进入国家职业资格目录范围的 14 个职业的“国家职业技能标准”，并通过人社部终审并发布，为下一步的职业技能鉴定工作提供了执行标准。

十四、加强自身建设，不断提高协会依法治理水平

五年来，协会积极适应形势变化，按照建设“国内有威信，国际有影响”的行业组织目标要求，大力加强协会自身建设。协会认真学习贯彻习近平新时代中国特色社会主义思想和党的十九大精神，推进“两学一做”学习教育常态化制度化，开展“不忘初心，牢记

使命”主题教育，不断转观念、转作风，明确定位，服务意识进一步增强，协会工作制度化、规范化、程序化水平不断提高。坚持开展调研活动，深入企业了解生产经营情况，遇到的困难，企业诉求，并及时把企业建议意见进行整理，形成协会意见向有关部门反映。坚持以《章程》为中心，依靠企业办协会的方针，不断完善治理机制，企业家任会长制度经过不断探索更加完善，会长轮值制度进一步充实、深化。协会《章程》经过本次修改，进一步提高了协会依法、依《章程》治理的水平。根据形势要求和产业发展需要，对分支机构进行了调整，目前分支机构总数为 14 个，进一步加强了专业化信息服务。按照建设高素质的、精干的职业化、专业化队伍的目标，加强钢协机关队伍建设，政治素质和业务素质得到提高，年轻化进程加快，增强了活力。协会注重发挥代管单位的作用，紧紧围绕工作目标，充分发挥代管单位的优势，为行业服务，开展了大量卓有成效的工作。

中国钢铁工业协会
第六届理事会候选理事名单

（按姓氏笔画为序排列）

丁立国 天津市新天钢钢铁集团有限公司、德龙钢铁有限公司董事长

于　凯 冶金工业信息中心主任

于　勇 河钢集团有限公司党委书记、董事长

于光富 潍坊特钢集团有限公司总经理

马　德 昆明钢铁集团有限责任公司党委副书记、副董事长、总经理，武钢集团昆明钢铁股份有限公司副董事长

马西波 河北前进钢铁集团有限公司董事长

马得好 滦县金马工业有限公司董事长

王　劲 四川省川威集团有限公司董事长

王干文 陕西汉中钢铁集团有限公司总经理

王大勇 河北省冶金行业协会副会长兼秘书长

王风斌 山西新泰钢铁有限公司常务副总经理

王文安 河北新武安钢铁集团文安钢铁有限公司董事长

王业龙　铜陵市旋力特殊钢有限公司董事长

王兰玉　河钢集团唐钢公司董事长

王永胜　山东泰山钢铁集团有限公司董事长

王光文　三宝集团股份有限公司董事长

王庆山　莱芜钢铁集团有限公司董事长

王社昌　中国重型机械研究院股份公司总经理

王君庭　青岛特殊钢铁有限公司党委书记、总经理

王建伟　首钢水城钢铁（集团）有限责任公司党委书记、董事长

王建军　金鼎重工有限公司董事长

王素琳　武汉钢铁集团鄂城钢铁有限责任公司党委书记、董事长

王振功　天津钢管制造有限公司副经理

王爱瑞　连云港兴鑫钢铁有限公司董事长

王颖生　中国钢铁工业协会副秘书长

王德春　中国钢铁工业协会副秘书长

牛树林　唐山松汀钢铁有限公司总经理

毛国辉　秦皇岛佰工钢铁有限公司董事长

文　广　凌源钢铁集团有限责任公司董事长

尹本明　湖北省冶金工业协会秘书长

尹良求　西宁特殊钢股份有限公司董事长

孔祥胜　宁波钢铁有限公司董事长

邓建军　河钢集团舞钢公司董事长

邓鹏宏　鞍钢集团矿业有限公司董事、总经理、党委副书记
甘贵平　广西柳州钢铁集团有限公司总经理
石洪卫　冶金工业经济发展研究中心主任
卢显忠　大峘集团有限公司董事长
叶新华　衢州元立金属制品有限公司董事长兼总经理
史东日　唐山文丰山川轮毂有限公司总经理
白居秉　河北龙凤山铸业有限公司董事长
白保安　云南省钢铁行业协会秘书长
冯运生　中国耐火材料行业协会会长
巩绪泉　淄博市电子信息和装备制造产业发展中心副主任
朱军红　上海钢联电子商务股份有限公司董事长
朱启柱　抚顺新钢铁有限责任公司副总经理
朱建国　中冶建筑研究总院有限公司总经理
刘　意　广东省钢铁工业协会秘书长
刘　毅　中国钢结构协会常务副会长
刘生兆　河北烘熔钢铁有限公司董事长
刘建荣　重庆钢铁股份有限公司总经理
刘振海　河南龙成集团有限公司副总经理
刘维国　中国铁合金工业协会会长
刘景凤　中国冶金建设协会副会长兼秘书长
刘新权　中国钢铁工业协会企业法律事务分会会长

闫奎兴　中国炭素行业协会会长

许亚南　常州凯达轧辊集团有限公司董事长

许志平　鑫达钢铁有限公司总经理

孙　启　东北特殊钢集团有限责任公司总经理

苏日飞　广州广钢新材料股份有限公司董事长

苏长永　中国钢铁工业协会副秘书长

苏国义　唐山国义特种钢铁有限公司董事长

杜双华　日照钢铁控股集团有限公司董事长

李　伟　中国冶金地质总局党委委员、副局长

李　勇　唐山东华钢铁企业集团有限公司总经理

李　强　山西晋城钢铁控股集团有限公司总裁

李玉田　河南济源钢铁（集团）有限公司董事长、党委书记

李世平　宝武集团广东韶关钢铁有限公司党委书记、董事长

李成章　新兴铸管股份有限公司总经理

李先武　中国钢铁工业协会冶金设备分会副秘书长

李利剑　安阳钢铁集团有限责任公司党委书记、董事长

李秀华　河南省钢铁工业协会副会长

李枝官　云南玉溪钢铁集团仙福钢铁有限公司总经理

李明克　五矿营口中板有限责任公司董事长

李忠武　鞍山钢铁集团有限公司党委常委，鞍钢股份有限公司党委常委、董事、副总经理

李建宇 湖南华菱湘潭钢铁集团有限公司总经理

李春龙 中国稀土学会理事长

李树斌 中国废钢铁应用协会常务副会长

李贵荣 陕西省钢铁工业协会副会长

李赶坡 河北敬业集团有限责任公司董事长

李新创 冶金工业规划研究院党委书记

李静敏 河南凤宝特钢有限公司总经理

杨永昌 江阴华西钢铁有限公司董事长兼总经理

杨海峰 陕西钢铁集团有限公司党委书记、董事长

杨雪岗 旭阳化工有限公司董事长

肖国栋 宝钢集团新疆八一钢铁有限公司党委书记、董事长

肖学文 中冶赛迪工程技术有限公司董事长

肖尊湖 湖南华菱涟源钢铁有限公司总经理

吴耀芳 江苏永钢集团有限公司董事长

何文波 中国钢铁工业协会党委书记、常务副会长、秘书长

何殿洲 安钢集团信阳钢铁有限责任公司董事长

余建铭 唐山东海钢铁集团有限公司董事长

沈　彬 沙钢集团董事局常务执行董事、常务副总裁，
沙钢集团有限公司董事长

沈国俊 天津市冶金集团（控股）有限公司董事长

宋志才 唐山盛财钢铁有限公司董事长兼总经理

迟京东　中国钢铁工业协会副会长

张　锐　山西建邦集团有限公司总经理

张　键　西王金属科技有限公司总经理

张少明　中国钢研科技集团有限公司党委书记、董事长

张玉春　秦皇岛安丰钢铁有限公司总经理

张功焰　首钢集团有限公司党委书记、董事长、总经理

张龙强　冶金工业信息标准研究院院长

张邦绪　四川省钒钛钢铁产业协会常务副会长兼秘书长

张兆祥　中国五矿集团有限公司副总经理

张志祥　北京建龙重工集团有限公司董事长

张利明　杭州钢铁集团有限公司党委书记、董事长

张利明　浙江省冶金有色行业协会会长

张武宗　山东石横特钢集团有限公司董事长

张典波　宝钢资源有限公司董事长

张荣华　天津荣程联合钢铁集团有限公司董事会主席、总裁

张高平　山西高义钢铁有限公司总经理

张惠明　冶金科技发展中心主任

陈　禹　江苏省镔鑫钢铁集团有限公司总裁

陈士发　甘肃省冶金有色工业协会副会长

陈玉千　冶金工业出版社有限公司党委书记、经理

陈代富　冷水江钢铁有限责任公司董事长

陈礼豪　广东省钢铁贸易商会会长

陈华宇　福建省冶金工业协会秘书长

陈建华　江苏省冶金行业协会会长

陈洪飞　中国冶金报社党委书记

陈继壮　本钢集团有限公司党委书记、董事长

陈德荣　中国宝武钢铁集团有限公司党委书记、董事长

苗　刚　济钢集团有限公司总经理

苗青远　建龙西林钢铁集团有限公司董事长

林　红　冶金工业教育资源开发中心主任

林立纯　福建鑫海冶金有限公司董事长

林国镜　河北东海特钢集团有限公司董事长

季丙元　常熟市龙腾特种钢有限公司董事长

周　平　四川德胜集团钒钛有限公司董事长

周　江　法尔胜泓昇集团有限公司总裁

周志立　唐山正丰钢铁有限公司董事长

周志梭　成都冶金实验厂有限公司总经理

郑　震　福建省冶金（控股）有限责任公司董事长

郑志郎　常州东方特钢有限公司总经理

屈秀丽　中国钢铁工业协会副会长

项宏海　中国冶金矿山企业协会常务副会长

项明武　中冶南方工程技术有限公司董事长

赵　军　黑龙江省冶金行业协会会长
赵　沛　中国金属学会常务副理事长
赵　继　东北大学校长
赵玉乔　迁安市九江线材有限责任公司董事长
赵民革　首钢集团有限公司党委常委、董事、副总经理兼北京首钢股份有限公司董事长
柯雪利　广西盛隆冶金有限公司总经理
段　青　云南永钢钢铁集团有限公司董事长
侯　军　山东省冶金工业总公司党组书记、总经理
侯　军　山东钢铁集团有限公司党委书记、董事长
侯安贵　宝山钢铁股份有限公司总经理
俞亚鹏　中国特钢企业协会会长
姜　维　中国钢铁工业协会副秘书长
姜喜成　中国国际贸促会冶金行业分会副秘书长
姜辉明　天津钢铁集团有限公司董事长
费利东　北京中冶设备研究设计总院有限公司董事长
骆铁军　中国钢铁工业协会副会长
敖新华　江西萍钢实业股份有限公司董事长
耿立唐　河钢集团承钢公司董事长
贾向刚　首钢长治钢铁有限公司党委书记、董事长
贾树材　邯郸市冶金行业协会秘书长

夏文勇 新余钢铁集团有限公司党委书记、董事长

夏佳铨 山西建龙钢铁有限公司总经理

顾明言 安徽工业大学副校长

晏希会 唐山市钢铁工业协会秘书长

钱　刚 中信泰富特钢集团有限公司党委书记、总裁

倪红卫 武汉科技大学校长

徐志新 方大特钢科技股份有限公司董事长

徐思伟 中国中钢集团有限公司党委书记、董事长

凌仲秋 湖南衡阳钢管（集团）有限公司总经理

高　峰 中国模板脚手架协会秘书长

高　森 唐山瑞丰钢铁（集团）有限公司总经理

高万军 河北新金钢铁有限公司董事长

高国华 湖北新冶钢有限公司总经理

高祥明 太原钢铁（集团）有限公司党委书记、董事长

郭恩元 河北普阳钢铁集团董事长

郭淑华 郑州商品交易所非农产品部总监

郭景瑞 河钢集团邯钢公司董事长

黄一新 南京钢铁集团有限公司党委书记、董事长

黄永建 河钢集团石钢公司董事长

黄笃学 河钢集团矿业有限公司董事长

曹志强 湖南华菱钢铁集团有限责任公司党委书记、董事长

曹跃彬 辛集市澳森钢铁有限公司董事长

崔丕江 中国炼焦行业协会会长

隋晓云 冶金档案馆馆长

董才平 中天钢铁集团有限公司董事长

董瑞章 昆明钢铁集团有限责任公司总经理助理，武钢集团昆明钢铁股份有限公司总经理、董事

韩　力 河北津西钢铁集团执行董事、总经理

韩国瑞 中冶京诚工程技术有限公司董事长

韩静涛 中国钢结构协会冷弯型钢分会理事长

程　勇 苏州苏信特钢有限公司总经理

谢　力 山西省钢铁行业协会拟任常务副会长

谢华强 四川省达州钢铁集团有限责任公司党委书记、常务副总裁

谢俊勇 攀钢集团有限公司董事、总经理、党委副书记

谢海深 河钢集团宣钢公司董事长

谢锦官 盐城市联鑫钢铁有限公司董事长

蔡先平 云南玉溪钢铁集团玉昆钢铁有限公司董事长

臧　勇 北京科技大学副校长

阚永海 天津市钢铁工业协会会长

谭成旭 鞍钢集团有限公司党委书记、董事长

谭晓春 冶金人才资源开发中心主任

黎立璋 福建省三钢（集团）有限责任公司党委书记、董事长

魏　尧 马钢（集团）控股有限公司党委书记、董事长

魏　涛 五矿发展股份有限公司总经理

魏志斌 酒泉钢铁（集团）有限责任公司总经理

魏国友 首钢通化钢铁集团股份有限公司党委副书记、董事长、总经理

魏学志 中国钢结构协会钢管分会常务副理事长兼秘书长

魏振华 邢台钢铁有限责任公司董事长

魏栓师 包头钢铁（集团）有限责任公司党委书记、董事长

（待定） 上海期货交易所

（待定） 大连商品交易所

中国钢铁工业协会
第六届理事会候选常务理事名单

（按姓氏笔画为序排列）

丁立国　天津市新天钢钢铁集团有限公司、德龙钢铁有限公司董事长

于　勇　河钢集团有限公司党委书记、董事长

马　德　昆明钢铁集团有限责任公司党委副书记、副董事长、总经理，武钢集团昆明钢铁股份有限公司副董事长

王大勇　河北省冶金行业协会副会长兼秘书长

王永胜　山东泰山钢铁集团有限公司董事长

王振功　天津钢管制造有限公司副经理

文　广　凌源钢铁集团有限责任公司董事长

尹良求　西宁特殊钢股份有限公司董事长

甘贵平　广西柳州钢铁集团有限公司总经理

叶新华　衢州元立金属制品有限公司董事长兼总经理

刘振海　河南龙成集团有限公司副总经理

杜双华　日照钢铁控股集团有限公司董事长

李　伟　中国冶金地质总局党委委员、副局长

李玉田　河南济源钢铁（集团）有限公司董事长、党委书记

李成章　新兴铸管股份有限公司总经理

李利剑　安阳钢铁集团有限责任公司党委书记、董事长

李赶坡　河北敬业集团有限责任公司董事长

李新创　冶金工业规划研究院党委书记

杨海峰　陕西钢铁集团有限公司党委书记、董事长

何文波　中国钢铁工业协会党委书记、常务副会长、秘书长

沈　彬　沙钢集团董事局常务执行董事、常务副总裁，
沙钢集团有限公司董事长

迟京东　中国钢铁工业协会副会长

张少明　中国钢研科技集团有限公司党委书记、董事长

张功焰　首钢集团有限公司党委书记、董事长、总经理

张龙强　冶金工业信息标准研究院院长

张兆祥　中国五矿集团有限公司副总经理

张志祥　北京建龙重工集团有限公司董事长

张利明　杭州钢铁集团有限公司党委书记、董事长

张荣华　天津荣程联合钢铁集团有限公司董事会主席兼总裁

陈继壮　本钢集团有限公司党委书记、董事长

陈德荣　中国宝武钢铁集团有限公司党委书记、董事长

屈秀丽　中国钢铁工业协会副会长

赵　沛　中国金属学会常务副理事长

赵　继　东北大学校长

侯　军　山东钢铁集团有限公司党委书记、董事长

骆铁军　中国钢铁工业协会副会长

敖新华　江西萍钢实业股份有限公司董事长

夏文勇　新余钢铁集团有限公司党委书记、董事长

钱　刚　中信泰富特钢集团有限公司党委书记、总裁

徐思伟　中国中钢集团有限公司董事长、党委书记

高　森　唐山瑞丰钢铁（集团）有限公司总经理

高祥明　太原钢铁（集团）有限公司党委书记、董事长

黄一新　南京钢铁集团有限公司党委书记、董事长

曹志强　湖南华菱钢铁集团有限责任公司党委书记、董事长

董才平　中天钢铁集团有限公司董事长

韩　力　河北津西钢铁集团执行董事、总经理

臧　勇　北京科技大学副校长

谭成旭　鞍钢集团有限公司党委书记、董事长

黎立璋　福建省三钢（集团）有限责任公司党委书记、董事长

魏志斌　酒泉钢铁（集团）有限责任公司总经理

魏栓师　包头钢铁（集团）有限责任公司党委书记、董事长

中国钢铁工业协会
第六届理事会负责人人选名单

会　长： 沈　彬　陈德荣　谭成旭　张功焰　于　勇

执行会长（常务副会长）、秘书长： 何文波

副会长： 高祥明　曹志强　侯　军　魏栓师　陈继壮
李利剑　丁立国　张兆祥　徐思伟　张少明
张志祥　钱　刚　迟京东　屈秀丽　李新创
骆铁军

中国钢铁工业协会历届会长

第一届会长

吴溪淳

第二届会长

吴溪淳

谢企华

第三届会长

张晓刚

第四届会长

朱继民

王青海

徐乐江

第五届会长

张广宁

马国强

靳伟

于勇

高祥明

第六届会长

何文波（执行会长）

沈彬

陈德荣

谭成旭

张功焰

于勇